L'HOMME
AU MASQUE DE FER

T0370811

L'HOMME
AU MASQUE DE FER

RÉCIT TIRÉ DU
VICOMTE DE BRAGELONNE
ROMAN D'ALEXANDRE DUMAS

EDITED BY

E. A. ROBERTSON, M.A.
Assistant Master at Gresham's School, Holt

Cambridge :
at the University Press
1915

CAMBRIDGE UNIVERSITY PRESS

Cambridge, New York, Melbourne, Madrid, Cape Town, Singapore,
São Paulo, Delhi, Dubai, Tokyo, Mexico City

Cambridge University Press
The Edinburgh Building, Cambridge CB2 8RU, UK

Published in the United States of America by
Cambridge University Press, New York

www.cambridge.org
Information on this title: www.cambridge.org/9780521169493

First published 1915
First paperback edition 2010

A catalogue record for this publication is available from the British Library

ISBN 978-0-521-04859-0 Hardback
ISBN 978-0-521-16949-3 Paperback

AVANT-PROPOS

" The Direct Method implies a continuous and carefully graduated course of composition or self-expression, closely associated to the reading course ...free composition constituting the crowning assurance of progress at every step forward."

Ainsi s'exprime l'un de nos plus grands réformateurs. Mais, à en juger d'après les opinions exprimées à une conférence récente des professeurs de langues vivantes, l'enseignement de la composition libre présente de grandes difficultés : on ne peut trouver de matière convenable ; la discussion d'un sujet général n'aboutit qu'à de vagues sentiments traduits d'une façon banale et désordonnée ; un simple récit exige un vocabulaire que l'élève ne possède pas ; le livre de lecture est en général trop difficile pour un commençant ; enfin, quelque matière qu'on choisisse, le résultat est un effroyable mélange de mots soi-disant français, mais qui ne représentent ni l'esprit ni même l'orthographe de la langue française, telle qu'on l'écrit de l'autre côté de la Manche. Alors on se plaint de la Méthode Directe.

A vrai dire ce n'est pas la Méthode qui est en faute ; c'est plutôt le manque de méthode. Il faudrait se demander d'abord, quel est le principe sur

lequel se base notre enseignement dans une langue
étrangère ? La réponse tient en un mot : l'imitation.
Et ici je n'hésite pas à affirmer que l'emploi de la
langue maternelle ne fait que rendre plus difficile
cette imitation. Sans doute, pour imiter avec intelligence, il faut comprendre. La lecture expliquée
sert à la fois à faire comprendre et à faire parler les
élèves. La composition naît aisément de la lecture
expliquée ; et puisque notre méthode est basée sur
l'imitation, il faut d'abord faire raconter quelque incident, autant que possible en conservant les mots
mêmes du livre. Peu à peu, on arrive à abréger, à
faire un choix de détails et de locutions. Toujours
il faut stimuler l'imagination de l'élève, en lui faisant
raconter les actions d'un autre, comme s'il les avait
accomplies lui-même. Enfin il procédera de même
pour les pensées. Si ses sentiments sont vagues,
c'est qu'il n'a pas vraiment essayé de se mettre
à la place de celui dont il veut exprimer les
sentiments. En un mot, il faut lui faire jouer un rôle.

En fondant ainsi la composition sur le livre de
lecture, on ne devra pas négliger la grammaire. En
effet, on commence par la grammaire. L'expérience
nous montre que la plupart des fautes de nos élèves
—à part les tournures fautives, qui ne se corrigent que
par l'imitation et par la familiarité avec la langue
parlée—sont des fautes de négligence, surtout en ce
qui concerne les terminaisons des verbes. Selon notre
Bacon, pour cultiver l'exactitude on doit beaucoup
écrire ; il faut donc faire beaucoup d'exercices sur les
terminaisons. Reste à surmonter l'ignorance de la
syntaxe du verbe et plus particulièrement de l'emploi
des temps. Solvitur ambulando.

Ce petit livre essaie de pourvoir à ces besoins, en offrant un Questionnaire (A) pour éclaircir le texte, des Exercices de grammaire (B), de simples récits où l'on doit utiliser les mots du livre (C), des résumés de l'histoire (D), et enfin des compositions vraiment libres (E). Quel que soit l'exercice qu'on donne pour le devoir du soir, il est nécessaire de le préparer en classe auparavant. L'élève fera (C), (D), et (E), sans avoir recours au livre.

L'emploi d'un dictionnaire entièrement français (tel que le *Petit Larousse Illustré*) est à recommander ; le Lexique des Mots les moins Usités, qui se trouve à la fin de notre livre, est imprimé sur des pages perforées, de sorte que ceux qui n'en ont pas besoin peuvent s'en défaire.

E. A. ROBERTSON.

HOLT, 1914.

TABLE DES MATIÈRES

I

LA SOCIÉTÉ DE M. DE BAISEMEAUX

Baisemeaux croyait que le vin de dessert—et celui de la Bastille était excellent ; il croyait, disons-nous, que le vin de dessert était un stimulant suffisant pour faire parler un homme de bien. Il connaissait mal Sa Grandeur[1], qui n'était jamais plus impénétrable qu'au dessert. Mais Sa Grandeur connaissait à merveille M. de Baisemeaux, en comptant pour faire parler le gouverneur sur le moyen que celui-ci regardait comme efficace.

— Dites-moi, cher monsieur de Baisemeaux, dit-il, est-ce que vous n'avez jamais à la Bastille d'autres distractions que celles auxquelles j'ai assisté pendant les deux ou trois visites que j'ai eu l'honneur de vous faire ?

— Des distractions ? dit-il. Mais j'en ai continuellement, Monseigneur.

— Oh ! à la bonne heure ! Et ces distractions ?

— Sont de toute nature.

— Des visites, sans doute ?

— Des visites ? Non. Les visites ne sont pas communes à la Bastille.

— Comment, les visites sont rares ?

[1] **Sa Grandeur :** titre accordé à un dignitaire de l'Église, tel que celui qui soupait ce soir-là chez le gouverneur de la Bastille, et qui est connu aux lecteurs de Dumas sous le nom d'Aramis.

— Très rares.

— Même de la part de votre société ?

— Qu'appelez-vous de ma société ?... Mes prisonniers ?

— Oh ! non. Vos prisonniers !... Je sais que
c'est vous qui leur faites des visites, et non pas eux qui
vous en font. J'entends par votre société, mon cher
de Baisemeaux, la société dont vous faites partie.

Baisemeaux regarda fixement Aramis ; puis,
comme si ce qu'il avait supposé un instant était
impossible :

— Oh ! dit-il, j'ai bien peu de société à présent.

— Non, vous ne comprenez pas, mon cher monsieur de Baisemeaux, dit Aramis, vous ne comprenez
pas... Je ne veux point parler de la société en général,
mais d'une société particulière, de la société à laquelle
vous êtes affilié, enfin.

Baisemeaux laissa presque tomber le verre plein
de muscat qu'il allait porter à ses lèvres.

— Affilié ? dit-il, affilié ?

— Mais sans doute, affilié, répéta Aramis avec le
plus grand sang-froid. N'êtes-vous donc pas membre
d'une société secrète, mon cher monsieur de Baisemeaux ?

— Secrète ?

— Secrète ou mystérieuse.

— Oh ! monsieur d'Herblay !...

— Il y a un engagement pris par tous les gouver-
neurs et capitaines de forteresse affiliés à l'ordre[1].

Baisemeaux pâlit.

[1] **L'ordre** des Jésuites : société fondée en 1534 par Ignace
de Loyola, et qu'iexige une soumission absolue de toutes les
personnes affiliées à l'ordre.

— Cet engagement, continua Aramis d'une voix ferme, le voici.

Baisemeaux se leva, en proie à une indicible émotion.

— Voyons, cher monsieur d'Herblay, dit-il, voyons.

Aramis dit alors ou plutôt récita le paragraphe suivant, de la même voix que s'il eût lu dans un livre :

" Ledit capitaine ou gouverneur de forteresse laissera entrer quand besoin sera, et sur la demande du prisonnier, un confesseur affilié à l'ordre."

Il s'arrêta. Baisemeaux faisait peine à voir, tant il était pâle et tremblant.

— Est-ce bien là le texte de l'engagement ? demanda tranquillement Aramis.

— Monseigneur !. . . fit Baisemeaux.

— Comprenez donc, cher monsieur de Baisemeaux ; on m'a dit, d'où je viens : " Ledit gouverneur ou capitaine laissera pénétrer quand besoin sera, sur la demande du prisonnier, un confesseur affilié à l'ordre." Je suis venu ; vous ne savez pas ce que je veux dire, je m'en retourne dire aux gens qu'ils se sont trompés et qu'ils aient à m'envoyer ailleurs.

— Comment ! vous êtes ?. . . s'écria Baisemeaux regardant Aramis presque avec effroi.

— Le confesseur affilié à l'ordre, dit Aramis sans changer de voix. Et sous quel prétexte n'attendiez-vous pas le confesseur, monsieur de Baisemeaux ?

— Parce qu'il n'y a en ce moment aucun prisonnier malade à la Bastille, Monseigneur.

Aramis haussa les épaules.

— Qu'en savez-vous ? dit-il.

— Mais il me semble. . .

— Monsieur de Baisemeaux, dit Aramis en se

renversant dans son fauteuil, voici votre valet qui
veut vous parler.

En ce moment, en effet, le valet de Baisemeaux
parut au seuil de la porte.

— Qu'y a-t-il ? demanda vivement Baisemeaux.

— Monsieur le gouverneur, dit le valet, c'est le
rapport du médecin de la maison qu'on vous apporte.

Aramis regarda M. de Baisemeaux de son œil clair
et assuré.

— Eh bien, faites entrer le messager, dit-il.

Le messager entra, salua, et remit le rapport.

Baisemeaux jeta les yeux dessus, et, relevant la
tête :

— Le deuxième Bertaudière[1] est malade ! dit-il
avec surprise.

— Que disiez-vous donc, cher monsieur de Baisemeaux, que tout le monde se portait bien dans votre
hôtel ? dit négligemment Aramis.

Et il but une gorgée de muscat, sans cesser de
regarder Baisemeaux. Alors, le gouverneur, ayant
fait de la tête un signe au messager, et celui-ci étant
sorti :

— Je crois, dit-il en tremblant toujours, qu'il y a
dans le paragraphe : " Sur la demande du prisonnier ? "

— Oui, il y a cela, répondit Aramis ; mais voyez
donc ce que l'on vous veut, cher monsieur de Baisemeaux.

En effet, un sergent passait sa tête par l'entre-
bâillement de la porte.

— Qu'est-ce encore ? s'écria Baisemeaux. Ne
peut-on me laisser dix minutes de tranquillité ?

---

[1] **Le deuxième Bertaudière :** le prisonnier qui occupait le
deuxième étage de la tour nommée la Bertaudière.

— Monsieur le gouverneur, dit le sergent, le malade de la deuxième Bertaudière a chargé son geôlier de vous demander un confesseur.

Baisemeaux faillit tomber à la renverse.

Aramis dédaigna de le rassurer, comme il avait dédaigné de l'épouvanter.

— Que faut-il répondre ? demanda Baisemeaux.

— Mais, ce que vous voudrez, répondit Aramis en se pinçant les lèvres ; cela vous regarde ; je ne suis pas gouverneur de la Bastille, moi.

— Dites, s'écria vivement Baisemeaux, dites au prisonnier qu'il va avoir ce qu'il demande.

Le sergent sortit.

— Oh ! Monseigneur, Monseigneur ! murmura Baisemeaux, comment me serais-je douté ?...comment aurais-je prévu ?

— Qui vous disait de vous douter ? qui vous priait de prévoir ? répondit dédaigneusement Aramis. L'ordre se doute, l'ordre sait, l'ordre prévoit : n'est-ce pas suffisant ?

— Qu'ordonnez-vous ? ajouta Baisemeaux.

— Moi ? Rien. Je ne suis qu'un pauvre prêtre, un simple confesseur. M'ordonnez-vous d'aller voir le malade ?

— Oh ! Monseigneur, je ne vous l'ordonne pas, je vous en prie.

— C'est bien. Alors, conduisez-moi.

Depuis cette étrange transformation d'Aramis en confesseur de l'ordre, Baisemeaux n'était plus le même homme.

Jusque-là, Aramis avait été pour le digne gouverneur un prélat auquel il devait le respect, un ami auquel il devait la reconnaissance ; mais, à partir de la révélation qui venait de bouleverser toutes ses idées, il était inférieur et Aramis était un chef.

Il alluma lui-même un falot, appela un porte-clefs, et, se retournant vers Aramis :

— Aux ordres de Monseigneur, dit-il.

Aramis se contenta de faire un signe de tête qui voulait dire : " C'est bien ! " et un signe de la main qui voulait dire : " Marchez devant ! " Baisemeaux se mit en route.   Aramis le suivit.

Il faisait une belle nuit étoilée ; les pas des trois hommes retentissaient sur la dalle des terrasses, et le cliquetis des clefs pendues à la ceinture du guichetier montait jusqu'aux étages des tours, comme pour rappeler aux prisonniers que la liberté était hors de leur atteinte.

On arriva ainsi au pied de la Bertaudière, dont les deux étages furent gravis silencieusement et avec une certaine lenteur ; car Baisemeaux, tout en obéissant, était loin de mettre un grand empressement à obéir.

Enfin, on arriva à la porte ; le guichetier n'eut pas besoin de chercher la clef, il l'avait préparée. La porte s'ouvrit.

Baisemeaux se disposait à entrer chez le prisonnier ; mais, l'arrêtant sur le seuil :

— Il n'est pas écrit, dit Aramis, que le gouverneur entendra la confession du prisonnier.

Baisemeaux s'inclina et laissa passer Aramis, qui prit le falot des mains du guichetier et entra ; puis, d'un geste, il fit signe que l'on refermât la porte derrière lui.

Pendant un instant, il se tint debout, l'oreille tendue, écoutant si Baisemeaux et le porte-clefs s'éloignaient ; puis, lorsqu'il se fut assuré, par la décroissance du bruit, qu'ils avaient quitté la tour, il posa le falot sur la table et regarda autour de lui.

II

LA CONFESSION DU PRISONNIER

Suivant l'usage de la prison, le captif était sans lumière. A l'heure du couvre-feu, il avait dû éteindre sa bougie. On voit combien le prisonnier était favorisé, puisqu'il avait ce rare privilège de garder de la lumière jusqu'au moment du couvre-feu.

Près du lit, un grand fauteuil de cuir, à pieds tordus, supportait des habits d'une fraîcheur remarquable. Une petite table, sans plumes, sans livres, sans papiers, sans encre, était abandonnée tristement près de la fenêtre. Plusieurs assiettes, encore pleines, attestaient que le prisonnier avait à peine touché à son dernier repas.

Aramis vit, sur le lit, un jeune homme étendu, le visage à demi caché sous ses deux bras.

L'arrivée du visiteur ne le fit point changer de posture.

— Comment vous trouvez-vous à la Bastille ? demanda l'évêque.

— Très bien.

— Vous ne souffrez pas ?

— Non.

— Vous ne regrettez rien ?

— Rien.

— Pas même la liberté ?

— Qu'appelez-vous la liberté, monsieur, demanda

le prisonnier avec l'accent d'un homme qui se prépare
à une lutte.

— J'appelle la liberté, les fleurs, l'air, le jour, les
étoiles, le bonheur de courir où vous portent vos
jambes nerveuses de vingt ans.

Le jeune homme sourit ; il eût été difficile de dire
si c'était de résignation ou de dédain.

— Regardez, dit-il, j'ai là, dans ce vase du Japon,
deux roses, deux belles roses, cueillies hier au soir en
boutons dans le jardin du gouverneur ; elles ont éclos
ce matin et ouvert sous mes yeux leur calice vermeil ;
avec chaque pli de leurs feuilles, elles ouvraient le
trésor de leur parfum ; ma chambre en est tout
embaumée. Ces deux roses, voyez-les : elles sont
belles parmi les roses ; et les roses sont les plus belles
des fleurs. Pourquoi donc voulez-vous que je désire
d'autres fleurs, puisque j'ai les plus belles de toutes ?

Aramis regarda le jeune homme avec surprise.

— Si les fleurs sont la liberté, reprit mélancolique-
ment le captif, j'ai donc la liberté, puisque j'ai les
fleurs.

— Oh ! mais l'air ! s'écria Aramis ; l'air si nécessaire à la vie ?

— Eh bien, monsieur, approchez-vous de la
fenêtre, continua le prisonnier ; elle est ouverte.
Entre le ciel et la terre, le vent roule ses tourbillons
de glace, de feu, de tièdes vapeurs ou de douces brises.
L'air qui vient de là caresse mon visage, quand,
monté sur ce fauteuil, assis sur le dossier, le bras passé
autour du barreau qui me soutient, je me figure que je
nage dans le vide.

Le front d'Aramis se rembrunissait à mesure que
parlait le jeune homme.

— Le jour ? continua-t-il.   J'ai mieux que le jour, j'ai le soleil, un ami qui vient tous les jours me visiter sans la permission du gouverneur, sans la compagnie du guichetier.   Il entre par la fenêtre, il trace dans ma chambre un grand carré long qui part de la fenêtre même et va mordre la tenture de mon lit jusqu'aux franges.   Ce carré lumineux grandit de dix heures à midi, et décroît de une heure à trois, lentement, comme si, ayant eu hâte de venir, il avait regret de me quitter.   Quand son dernier rayon disparaît, j'ai joui cinq heures de sa présence.   Est-ce que ça ne suffit pas ?   On m'a dit qu'il y avait des malheureux qui creusaient des carrières, des ouvriers qui travaillaient aux mines, et qui ne le voyaient jamais.

Aramis s'essuya le front.

— Quant aux étoiles, qui sont douces à voir, continua le jeune homme, elles se ressemblent toutes, sauf l'éclat et la grandeur.   Moi, je suis favorisé ; car, si vous n'eussiez allumé cette bougie, vous eussiez pu voir la belle étoile que je voyais de mon lit avant votre arrivée, et dont le rayonnement caressait mes yeux.

Aramis baissa la tête : il se sentait submergé sous le flot amer de cette sinistre philosophie qui est la religion de la captivité.

— Voilà donc pour les fleurs, pour l'air, pour le jour et pour les étoiles, dit le jeune homme avec la même tranquillité.   Reste la promenade.   Est-ce que, toute la journée, je ne me promène pas dans le jardin du gouverneur s'il fait beau, ici s'il pleut, au frais s'il fait chaud, au chaud s'il fait froid, grâce à ma cheminée pendant l'hiver ?   Ah ! croyez-moi, monsieur, ajouta le prisonnier avec une expression qui n'était pas exempte d'une certaine amertume, les hommes ont fait pour moi tout ce que peut espérer, tout ce que peut désirer un homme.

— Les hommes, soit ! dit Aramis en relevant la tête ; mais il me semble que vous oubliez Dieu.

— J'ai, en effet, oublié Dieu, répondit le prisonnier sans s'émouvoir ; mais, pourquoi me dites-vous cela ? A quoi bon parler de Dieu aux prisonniers ?

Aramis regarda en face ce singulier jeune homme, qui avait la résignation d'un martyr avec le sourire d'un athée.

— Est-ce que Dieu n'est pas dans toutes choses ? murmura-t-il d'un ton de reproche.

— Dites au bout de toute chose, répondit le prisonnier fermement.

— Soit ! dit Aramis ; mais revenons au point d'où nous sommes partis.

— Je ne demande pas mieux, fit le jeune homme.

— Je suis votre confesseur.

— Oui.

— Eh bien, comme mon pénitent, vous me devez la vérité.

— Je ne demande pas mieux que de vous la dire.

— Vous souvient-il, il y a quinze ou dix-huit ans, d'avoir vu à Noisy-le-Sec[1] un cavalier qui venait avec une dame, vêtue ordinairement de soie noire, avec des rubans couleur de feu dans les cheveux ?

— Oui, dit le jeune homme : une fois j'ai demandé le nom de ce cavalier, et l'on m'a dit qu'il s'appelait l'abbé d'Herblay. Je me suis étonné que cet abbé eût l'air si guerrier, et l'on m'a répondu qu'il n'y avait

---

[1] **Noisy-le-Sec :** petite ville située près de Paris.

rien d'étonnant à cela, attendu que c'était un mousquetaire[1] du roi Louis XIII.

— Eh bien, dit Aramis, ce mousquetaire autrefois, cet abbé alors, évêque de Vannes depuis, votre confesseur aujourd'hui, c'est moi.

— Eh bien, commencez donc par me dire ce qu'était mon gouverneur.

— Un bon gentilhomme[2], Monseigneur, un honnête gentilhomme surtout, un précepteur à la fois pour votre corps et pour votre âme.   Avez-vous jamais eu à vous en plaindre ?

— Oh ! non, monsieur, bien au contraire ; mais ce gentilhomme m'a dit souvent que mon père et ma mère étaient morts ; ce gentilhomme mentait-il ou disait-il la vérité ?

— Il était forcé de suivre les ordres qui lui étaient donnés.

— Alors il mentait donc ?

— Sur un point.   Votre père est mort.

— Et ma mère ?

— Elle est morte pour vous.

— Mais, pour les autres, elle vit, n'est-ce pas ?

— Oui.

— Et moi (le jeune homme regarda Aramis), moi, je suis condamné à vivre dans l'obscurité d'une prison ?

— Hélas ! je le crois.

— Et cela, continua le jeune homme, parce que ma présence dans le monde révélerait un grand secret ?

— Un grand secret, oui.

---

[1] **Mousquetaire :** gentilhomme d'une des deux compagnies à cheval de la maison du roi.

[2] **Gentilhomme :** homme de race noble.

-- Pour faire enfermer à la Bastille un enfant tel que je l'étais, il faut que mon ennemi soit bien puissant.

— Il l'est.

— Plus puissant que ma mère, alors ?

— Pourquoi cela ?

— Parce que ma mère m'eût défendu.

Aramis hésita.

— Plus puissant que votre mère, oui, Monseigneur.

— Pour que ma nourrice et le gentilhomme aient été enlevés et pour qu'on m'ait séparé d'eux ainsi, j'étais donc ou ils étaient donc un bien grand danger pour mon ennemi ?

— Oui, un danger dont votre ennemi s'est délivré en faisant disparaître le gentilhomme et la nourrice, répondit tranquillement Aramis.

— Disparaître ? demanda le prisonnier. Mais de quelle façon ont-ils disparu ?

— De la façon la plus sûre, répondit Aramis ; ils sont morts.

Le jeune homme pâlit légèrement et passa une main tremblante sur son visage.

— Par le poison ? demanda-t-il.

— Par le poison.

Le prisonnier réfléchit un instant.

— Je m'en doutais.

— Pourquoi ?

— Eh bien, reprit le jeune homme, voici pourquoi je soupçonnais que l'on avait tué ma nourrice et mon gouverneur :

— Que vous appeliez votre père.

— Oui, que j'appelais mon père, mais dont je savais bien que je n'étais pas le fils.

— Qui vous avait fait supposer ?...

— De même que vous êtes, vous, trop respectueux pour un ami, lui était trop respectueux pour un père.

— Moi, dit Aramis, je n'ai pas le dessein de me déguiser.

Le jeune homme fit un signe de tête et continua :

— Sans doute, je n'étais pas destiné à demeurer éternellement enfermé, dit le prisonnier, et ce qui me le fait croire, maintenant surtout, c'est le soin qu'on prenait de faire de moi un cavalier aussi accompli que possible. Le gentilhomme qui était près de moi m'avait appris tout ce qu'il savait lui-même : les mathématiques, un peu de géométrie, d'astronomie, l'escrime, le manège. Tous les matins, je faisais des armes dans une salle basse, et montais à cheval dans le jardin. Eh bien, un matin, c'était pendant l'été, car il faisait une grande chaleur, je m'étais endormi dans cette salle basse. Rien, jusque-là, ne m'avait, excepté le respect de mon gouverneur, instruit ou donné des soupçons. Je vivais comme les enfants, comme les oiseaux, comme les plantes, d'air et de soleil ; je venais d'avoir quinze ans.

— Alors, il y a huit ans de cela ?

— Oui, à peu près ; j'ai perdu la mesure du temps. J'étais donc dans cette salle basse, et, fatigué par ma leçon d'escrime, je m'étais endormi. Mon gouverneur était dans sa chambre, au premier étage, juste au-dessus de moi. Soudain j'entendis comme un petit cri poussé par mon gouverneur. Puis il appela : '' Perronnette ! Perronnette ! '' C'était ma nourrice qu'il appelait.

— Oui, je sais, dit Aramis ; continuez, Monseigneur, continuez.

— Sans doute elle était au jardin, car mon gouverneur descendit l'escalier avec précipitation. Je me levai, inquiet de le voir inquiet lui-même. Il ouvrit la porte qui, du vestibule, menait au jardin, en criant toujours : " Perronnette ! Perronnette ! " Les fenêtres de la salle basse donnaient sur la cour ; les volets de ces fenêtres étaient fermés ; mais, par une fente du volet, je vis mon gouverneur s'approcher d'un large puits situé presque au-dessous des fenêtres de son cabinet de travail. Il se pencha sur la margelle, regarda dans le puits, et poussa un nouveau cri en faisant de grands gestes effarés. D'où j'étais, je pouvais non seulement voir, mais encore entendre. Je vis donc, j'entendis donc.

— Continuez, Monseigneur, je vous en prie, dit Aramis.

— Dame Perronnette accourait aux cris de mon gouverneur. Il alla au-devant d'elle, la prit par le bras et l'entraîna vivement vers la margelle ; après quoi, se penchant avec elle dans le puits, il lui dit :

" — Regardez, regardez, quel malheur !

" — Voyons, voyons, calmez-vous, disait dame Perronnette ; qu'y a-t-il ?

" — Cette lettre, criait mon gouverneur, voyez-vous cette lettre ?

" Et il étendait la main vers le fond du puits.

" — Quelle lettre ? demanda la nourrice.

" — Cette lettre que vous voyez-là bas, c'est la dernière lettre de la reine[1] !

" A ce mot je tressaillis. Mon gouverneur,

---

[1] La reine : Anne d'Autriche, femme de Louis XIII, régente pendant la minorité de Louis XIV son fils.

celui qui passait pour mon père, celui qui me recom-
mandait sans cesse la modestie et l'humilité, en
correspondance avec la reine !

‟ — La dernière lettre de la reine ? s'écria dame
Perronnette sans paraître étonnée autrement que de
voir cette lettre au fond du puits. Et comment
est-elle là ?

‟ — Un hasard, dame Perronnette, un hasard
étrange ! Je rentrais chez moi ; en rentrant, j'ouvre
la porte, la fenêtre de son côté était ouverte ; un
courant d'air s'établit ; je vois un papier qui s'envole,
je reconnais que ce papier, c'est la lettre de la reine ;
je cours à la fenêtre en poussant un cri ; le papier
flotte un instant en l'air et tombe dans le puits.

‟ — Eh bien, alors, il n'y a pas à hésiter, dit
dame Perronnette, il faut faire descendre quelqu'un
dans le puits.

‟ Le vieux gentilhomme promit de se mettre en
quête d'une échelle assez grande pour qu'on pût
descendre dans le puits, tandis qu'elle irait jusqu'à la
ferme chercher un garçon résolu, à qui l'on ferait
accroire qu'il était tombé un bijou dans le puits, que
ce bijou était enveloppé dans du papier, et, comme le
papier, remarqua mon gouverneur, se développe à
l'eau, il ne sera pas surprenant qu'on ne retrouve que
la lettre tout ouverte.

‟ Alors je vis sortir mon gouverneur et dame
Perronnette.

‟ J'étais seul à la maison.

‟ Ils n'eurent pas plus tôt refermé la porte, que,
sans prendre la peine de traverser le vestibule, je
sautai par la fenêtre et courus au puits.

‟ Alors, sans savoir ce que je faisais, et animé par

un de ces mouvements instinctifs qui vous poussent sur les pentes fatales, je roulai une extrémité de la corde au pied de la potence du puits ; je laissai pendre le seau jusque dans l'eau, à trois pieds de profondeur à peu près, tout cela en me donnant bien du mal pour ne pas déranger le précieux papier, qui commençait à changer sa couleur blanchâtre contre une teinte verdâtre, preuve qu'il s'enfonçait ; puis, un morceau de toile mouillée entre les mains, je me laissai glisser dans l'abîme.

" J'atteignis l'eau, et je m'y plongeai d'un seul coup, me retenant d'une main, tandis que j'allongeais l'autre, et que je saisissais le précieux papier, qui se déchira en deux entre mes doigts.

" Une fois hors du puits avec ma proie, je me mis à courir au soleil, et j'atteignis le fond du jardin, où se trouvait une espèce de petit bois. C'est là que je voulais me réfugier.

— Et qu'y avez-vous lu, Monseigneur ? demanda Aramis vivement intéressé.

— Assez de choses pour croire, monsieur, que le valet était un gentilhomme, et que Perronnette, sans être une grande dame, était cependant plus qu'une servante ; enfin, que j'avais moi-même quelque naissance, puisque la reine Anne d'Autriche et le premier ministre Mazarin me recommandaient si soigneusement.

Le jeune homme s'arrêta tout ému.

— Et qu'arriva-t-il ? demanda Aramis.

— Il arriva, monsieur, répondit le jeune homme, que l'ouvrier appelé par mon gouverneur ne trouva rien dans le puits, après l'avoir fouillé en tous sens ; il arriva que mon gouverneur s'aperçut que la margelle

était toute ruisselante ; il arriva que je ne m'étais pas
si bien séché au soleil, que dame Perronnette ne
reconnût que mes habits étaient tout humides ; il
arriva enfin que je fus pris d'une grosse fièvre causée par
la fraîcheur de l'eau et l'émotion de ma découverte, et
que cette fièvre fut suivie d'un délire pendant lequel
je racontai tout ; de sorte que, guidé par mes propres
aveux, mon gouverneur trouva sous mon chevet les
deux fragments de la lettre écrite par la reine.

— Ah ! fit Aramis, je comprends à cette heure.

— A partir de là, tout est conjecture.   Sans doute,
le pauvre gentilhomme et la pauvre femme, n'osant
garder le secret de ce qui venait de se passer, écrivirent
tout à la reine et lui renvoyèrent la lettre déchirée.

— Après quoi, dit Aramis, vous fûtes arrêté et
conduit à la Bastille ?

— Vous le voyez.

III

UNE ENTENTE

— Maintenant, pardonnez-moi : vous m'avez dit
que l'on vous avait appris les mathématiques, l'astronomie, l'escrime, le manège ; vous ne m'avez point
parlé d'histoire.

— Quelquefois, mon gouverneur m'a raconté les
hauts faits du roi saint Louis, de François Ier et du roi
Henri IV.

— Voilà tout ?

— Voilà à peu près tout.

— Écoutez, je vais donc, en quelques mots, vous
dire ce qui s'est passé en France depuis vingt-trois ou

vingt-quatre ans, c'est-à-dire depuis la date probable de votre naissance, c'est-à-dire, enfin, depuis le moment qui vous intéresse.

— Dites.

Et le jeune homme reprit son attitude sérieuse et recueillie.

— Savez-vous quel fut le fils du roi Henri IV ?

— Je sais du moins quel fut son successeur.

— Comment savez-vous cela ?

— Par une pièce de monnaie, à la date de 1610, qui représentait le roi Henri IV ; par une pièce de monnaie à la date de 1612, qui représentait le roi Louis XIII. Je présumai, puisqu'il n'y avait que deux ans entre les deux pièces, que Louis XIII devait être le successeur de Henri IV[1].

— Alors, dit Aramis, vous savez que le dernier roi régnant était Louis XIII ?

— Je le sais, dit le jeune homme en rougissant légèrement.

— Eh bien, ce fut un prince plein de bonnes idées, plein de grands projets, projets toujours ajournés par le malheur des temps et par les luttes qu'eut à soutenir contre la seigneurie de France son ministre Richelieu. Lui, personnellement (je parle du roi Louis XIII), était faible de caractère. Il mourut jeune encore et tristement.

— Je sais cela.

— Il avait été longtemps préoccupé du soin de sa postérité. C'est un soin douloureux pour les princes, qui ont besoin de laisser sur la terre plus qu'un

---

[1] **Le successeur de Henri IV :** Louis XIII succéda à Henri IV en 1610, et régna jusqu'à 1643.

souvenir, pour que leur pensée se poursuive, pour que leur œuvre continue.

— Le roi Louis XIII est-il mort sans enfants ? demanda en souriant le prisonnier.

— Non. Le 5 septembre, 1638, la reine donna le jour à un fils. Mais, quand toute la cour eut poussé des cris de joie à cette nouvelle ; quand le roi eut montré le nouveau-né à son peuple et à sa noblesse ; quand il se fut gaiement mis à table pour fêter cette heureuse naissance, alors la reine donna le jour à un second fils.

— Vous comprenez, poursuivit Aramis, que le roi, qui s'était vu avec tant de joie continuer dans un héritier, dut être au désespoir en songeant que main tenant il en avait deux, et que, peut-être, celui qui venait de naître et qui était inconnu, contesterait le droit d'aînesse à l'autre qui était né deux heures auparavant, et qui, deux heures auparavant, avait été reconnu. Ainsi, ce second fils, s'armant des intérêts ou des caprices d'un parti, pouvait, un jour, semer dans le royaume la discorde et la guerre, détruisant, par cela même, la dynastie qu'il eût dû consolider.

— Oh ! je comprends, je comprends !... murmura le jeune homme.

— Eh bien, continua Aramis, voilà ce qu'on rapporte, voilà ce qu'on assure, voilà pourquoi un des deux fils d'Anne d'Autriche, indignement séparé de son frère, indignement séquestré, réduit à l'obscurité la plus profonde ; voilà pourquoi ce second fils a disparu, et si bien disparu, que nul en France ne sait aujourd'hui qu'il existe, excepté sa mère.

— Oui, sa mère, qui l'a abandonné ! s'écria le prisonnier avec l'expression du désespoir.

— Excepté, continua Aramis, cette dame à la robe noire et aux rubans de feu, et enfin excepté...

— Excepté vous, monsieur, qui, si vous êtes l'homme que j'attends, l'homme que me promet le billet, l'homme enfin que Dieu doit m'envoyer, devez avoir sur vous...

— Quoi ? demanda Aramis.

— Un portrait du roi Louis XIV, qui règne en ce moment sur le trône de France.

— Voici le portrait, répliqua l'évêque en donnant au prisonnier un émail des plus exquis, sur lequel Louis XIV apparaissait fier, beau, et vivant pour ainsi dire.

Le prisonnier saisit avidement le portrait, et fixa ses yeux sur lui comme s'il eût voulu le dévorer.

— Et maintenant, Monseigneur, dit Aramis, voici un miroir.

Aramis laissa le temps au prisonnier de renouer ses idées.

— Si haut ! si haut ! murmura le jeune homme en dévorant du regard le portrait de Louis XIV et son image à lui-même réfléchie dans le miroir.

— Qu'en pensez-vous ? dit alors Aramis.

— Je pense que je suis perdu, répondit le captif, que le roi ne me pardonnera jamais.

— Et moi, je me demande, ajouta l'évêque en attachant sur le prisonnier un regard brillant de signification, je me demande lequel des deux est le roi, de celui que représente ce portrait, ou de celui que reflète cette glace.

— Le roi, monsieur, est celui qui est sur le trône, répliqua tristement le jeune homme ; c'est celui qui n'est pas en prison, et qui, au contraire, y fait mettre les autres. La royauté, c'est la puissance, et vous voyez bien que je suis impuissant.

— Monseigneur, répondit Aramis avec un respect qu'il n'avait pas encore témoigné, le roi, prenez-y bien garde, sera, si vous le voulez, celui qui, sortant de prison, saura se tenir sur le trône où des amis le placeront.

— Écoutez, monsieur, interrompit le prince. Je sais qu'il y a des gardes à chaque galerie, des verrous à chaque porte, des canons et des soldats à chaque barrière. Avec quoi vaincrez-vous les gardes, en- clouerez-vous les canons ? Avec quoi briserez-vous les verrous et les barrières ?

— Monseigneur, comment vous est venu ce billet que vous avez lu et qui annonçait ma venue ?

— On corrompt un geôlier pour un billet.

— Si l'on corrompt un geôlier, on peut en corrompre dix.

— Eh bien, j'admets que ce soit possible de tirer un pauvre captif de la Bastille ; possible de le bien cacher pour que les gens du roi ne le rattrapent point ; possible encore de nourrir convenablement ce malheureux dans un asile inconnu.

— Monseigneur ! fit en souriant Aramis.

— J'admets que celui qui ferait cela pour moi serait déjà plus qu'un homme ; mais, puisque vous dites que je suis un prince, un frère de roi, comment me rendrez-vous le rang et la force que ma mère et mon frère m'ont enlevés ? Mais, puisque je dois passer une vie de combats et de haines, comment me ferez-vous vainqueur dans ces combats et invulnérable à mes ennemis ?

— J'oubliais de dire, Monseigneur, que, si vous

daignez vous laisser guider par moi, et si vous con-
sentez à devenir le plus puissant prince de la terre,
vous aurez servi les intérêts de tous les amis que je
voue au succès de notre cause, et ces amis sont
nombreux.

— Nombreux ?

— Encore moins que puissants, Monseigneur.

— Expliquez-vous.

—- Impossible ! Je m'expliquerai, je le jure
devant Dieu qui m'entend, le propre jour où je vous
verrai assis sur le trône de France.

— Mais mon frère ?

— Vous ordonnerez de son sort.   Est-ce que vous
le plaignez ?

— Lui qui me laisse mourir dans un cachot ?
Non, je ne le plains pas !

— A la bonne heure !

— Que dites-vous de cette ressemblance que Dieu
m'avait donnée avec mon frère ?

— Je dis qu'il y avait dans cette ressemblance un
enseignement providentiel que le roi n'eût pas dû
négliger ; je dis que votre mère a commis un crime en
faisant différents par le bonheur et par la fortune ceux
que la nature avait créés si semblables, et je conclus,
moi, que le châtiment ne doit être autre chose que
l'équilibre à rétablir.

— Ce qui signifie ? . . .

— Que, si je vous rends votre place sur le trône de
votre frère, votre frère prendra la vôtre dans votre
prison ?

— Hélas ! on souffre bien en prison ! surtout
quand on a bu si largement à la coupe de la vie !

— Votre Altesse Royale sera toujours libre de

faire ce qu'elle voudra ; elle pardonnera, si bon lui semble, après avoir puni.

Le jeune homme tendit la main à Aramis ; celui-ci la baisa en s'agenouillant.

— Oh ! s'écria le prince avec une modestie charmante.

— C'est le premier hommage rendu à notre roi futur, dit Aramis. Quand je vous reverrai, je dirai : " Bonjour, Sire ! "

Il heurta aussitôt la porte.

Le geôlier vint ouvrir avec Baisemeaux, qui, dévoré d'inquiétude et de crainte, commençait à écouter malgré lui à la porte de la chambre.

Heureusement ni l'un ni l'autre des deux inter-locuteurs n'avait oublié d'étouffer sa voix, même dans les plus hardis élans de la passion.

— Quelle confession ! dit le gouverneur en essayant de rire ; croirait-on jamais qu'un reclus, un homme presque mort, ait commis des péchés si nombreux et si longs ?

Aramis se tut. Il avait hâte de sortir de la Bastille, où le secret qui l'accablait doublait le poids des murailles.

Quand ils furent arrivés chez Baisemeaux :

— Causons affaires, mon cher gouverneur, dit Aramis.

— Hélas ! répliqua Baisemeaux.

— Vous avez à me demander mon acquit pour cent cinquante mille livres ? dit l'évêque.

— Et à verser le premier tiers de la somme, ajouta en soupirant le pauvre gouverneur, qui fit trois pas vers son armoire de fer.

— Voici votre quittance, dit Aramis.

— Et voici l'argent, reprit avec un triple soupir M. de Baisemeaux.

—- L'ordre m'a dit seulement de donner une quittance de cinquante mille livres, dit Aramis ; il ne m'a pas dit de recevoir d'argent. Adieu, monsieur le gouverneur.

Et il partit, laissant Baisemeaux plus que suffoqué par la surprise et la joie, en présence de ce présent royal fait si grandement par le confesseur extraordinaire de la Bastille.

IV

LE GÉNÉRAL DE L'ORDRE

Quelques semaines après, à l'heure du souper des pauvres captifs, les portes, grondant sur leurs énormes gonds, ouvraient passage aux plateaux et aux paniers chargés de mets, dont la délicatesse s'appropriait à la condition du détenu.

Cette même heure était celle du souper de M. le gouverneur. Il avait un convive ce jour-là, et la broche tournait plus lourde que d'habitude.

Un courrier entra vers huit heures, à la cinquième bouteille apportée par François[1] sur la table, et, quoique ce courrier fît grand bruit, Baisemeaux n'entendit rien.

— Le diable l'emporte ! fit Aramis.

— Quoi donc ? qui donc ? demanda Baisemeaux. J'espère que ce n'est pas le vin que vous buvez, ni celui qui vous le fait boire ?

[1] **François :** domestique du gouverneur.

— Non ; c'est un cheval qui fait, à lui seul, autant de bruit dans la cour que pourrait en faire un escadron tout entier.

— Bon ! quelque courrier, répliqua le gouverneur ; nous verrons demain. Demain, il sera temps.

— Prenez garde, dit Aramis, prenez garde !

— A quoi, cher monsieur d'Herblay ? dit Baise-meaux à moitié ivre.

— La lettre par courrier, qui arrive aux gouver-neurs de citadelle, c'est quelquefois un ordre.

— Presque toujours.

— Les ordres ne viennent-ils pas des ministres ?

— Oui, sans doute ; mais...

— Et ces ministres ne font-ils pas que contresigner le seing du roi ?

François attendait toujours.

— Qu'on me monte cet ordre du roi, dit Baise-meaux. Et il ajouta tout bas : Savez-vous ce que c'est ? Je vais vous le dire, quelque chose d'intéres-sant comme ceci : " Prenez garde au feu dans les environs de la poudrière " ; ou bien : " Veillez sur un tel, qui est un adroit fuyard." Ah ! si vous saviez, Monseigneur, combien de fois j'ai été réveillé en sursaut au plus doux, au plus profond de mon sommeil, par des ordonnances arrivant au galop pour me dire, ou plutôt pour m'apporter un pli contenant ces mots : " Monsieur de Baisemeaux, qu'y a-t-il de nouveau ? " On voit bien que ceux qui perdent leur temps à écrire de pareils ordres n'ont jamais couché à la Bastille. Ils connaîtraient mieux l'épaisseur de mes murailles, la vigilance de mes officiers, la multiplicité de mes rondes. Enfin, que voulez-vous, Monseigneur ! leur métier est d'écrire pour me tourmenter lorsque je suis tranquille ; pour me troubler quand je suis heureux, ajouta Baisemeaux en s'inclinant devant Aramis. Laissons-les donc faire leur métier.

— Et faites le vôtre, ajouta en souriant l'évêque, dont le regard, soutenu, commandait malgré cette caresse.

François rentra. Baisemeaux prit de ses mains l'ordre envoyé du ministère. Il le décacheta lentement et le lut de même. Aramis feignit de boire pour observer son hôte au travers du cristal. Puis, Baisemeaux ayant lu :

— Que disais-je tout à l'heure ? fit-il.

— Quoi donc ? demanda l'évêque.

— Un ordre d'élargissement. Je vous demande un peu, la belle nouvelle pour nous déranger !

— Faites voir, demanda M. d'Herblay. Est-ce indiscret ?

— Non pas ; lisez.

— Il y a *pressé* sur la feuille. Vous avez vu, n'est-ce pas ?

— C'est admirable ! *Pressé* !…un homme qui est ici depuis dix ans ! On est pressé de le mettre dehors, aujourd'hui, ce soir même, à huit heures !

Baisemeaux se pencha en arrière pour sonner François, et, par un mouvement tout naturel, il se retourna vers la porte.

L'ordre était resté sur la table. Aramis profita du moment où Baisemeaux ne regardait pas pour échanger ce papier contre un autre, plié de la même façon, et qu'il tira de sa poche.

— François, dit le gouverneur, que l'on fasse monter ici M. le major avec les guichetiers de la Bertaudière.

François sortit en s'inclinant, et les deux convives se retrouvèrent seuls.

Il se fit un instant de silence pendant lequel Aramis ne perdit pas de vue le gouverneur. Celui-ci ne semblait qu'à moitié résolu à se déranger ainsi au milieu de son souper, et il était évident qu'il cherchait une raison quelconque, bonne ou mauvaise, pour retarder au moins jusqu'après le dessert. Cette raison, il parut tout à coup l'avoir trouvée.

— Eh ! mais, s'écria-t-il, c'est impossible !

— Comment, impossible ? dit Aramis. Voyons un peu, cher ami, ce qui est impossible.

— Il est impossible de mettre le prisonnier en liberté à une pareille heure. Où ira-t-il, lui qui ne connaît pas Paris ?

— Il ira où il pourra.

— Vous voyez bien, autant vaudrait délivrer un aveugle.

— J'ai un carrosse, je le conduirai là où il voudra que je le mène.

— Vous avez réponse à tout...François, qu'on dise à M. le major d'aller ouvrir la prison de M. Seldon, n° 3, Bertaudière.

— Seldon ? fit Aramis très simplement. Vous avez dit Seldon, je crois ?

— J'ai dit Seldon. C'est le nom de celui qu'on élargit.

— Oh ! vous voulez dire Marchiali, dit Aramis.

— Marchiali ? Ah bien, oui ! Non, non, Seldon.

— Je pense que vous faites erreur, monsieur Baise-meaux.

— J'ai lu l'ordre.

— Moi aussi.

— Et j'ai vu Seldon en lettres grosses comme cela.

Et M. de Baisemeaux montrait son doigt.

— Moi, j'ai lu Marchiali en caractères gros comme ceci.

Et Aramis montrait les deux doigts.

— Au fait, éclaircissons le cas, dit Baisemeaux, sûr de lui. Le papier est là, et il suffira de le lire.

— Je lis : " Marchiali," reprit Aramis en déployant le papier. Tenez !

Baisemeaux regarda.

— Oui, oui, dit-il atterré, oui, Marchiali. Il y a bien écrit Marchiali ! c'est bien vrai !

— Ah !

— Comment ! l'homme dont nous parlons tant ? L'homme que chaque jour l'on me recommande tant ?

— Il y a Marchiali, répéta encore l'inflexible Aramis.

— Il faut l'avouer, Monseigneur, mais je n'y comprends absolument rien.

— On en croit ses yeux, cependant.

— Ma foi, dire qu'il y a bien Marchiali !

— Et d'une bonne écriture, encore.

— C'est phénoménal ! Je vois encore cet ordre et le nom de Seldon, Irlandais. Je le vois. Ah ! et même, je me le rappelle, sous ce nom il y avait un pâté d'encre.

— Non, il n'y a pas d'encre; non, il n'y a pas de pâté.

— Oh ! par exemple, si fait ! A telle enseigne que j'ai frotté la poudre qu'il y avait sur le pâté.

— Enfin, quoi qu'il en soit, cher monsieur de Baisemeaux, dit Aramis, et quoi que vous ayez vu, l'ordre est signé de délivrer Marchiali, avec ou sans pâté.

— Monseigneur, ce Marchiali est bien le même prisonnier que, l'autre jour, un prêtre, confesseur de *notre ordre*, est venu visiter si impérieusement et si secrètement.

— Je ne sais pas cela, monsieur, répliqua l'évêque.

— Il n'y a pas cependant si longtemps, cher monsieur d'Herblay.

— C'est vrai ; mais chez nous, monsieur, il est bon que l'homme d'aujourd'hui ne sache plus ce qu'a fait l'homme d'hier.

Baisemeaux reprit encore une fois l'ordre et l'examina en tout sens.

— Allez-vous délivrer Marchiali ? demanda Aramis.

— Monseigneur, répondit Baisemeaux, je délivrerai le prisonnier Marchiali quand j'aurai rappelé le courrier qui apportait l'ordre, et surtout lorsqu'en l'interrogeant je me serai assuré...

— Les ordres sont cachetés, et le contenu est ignoré du courrier. De quoi vous assurerez-vous donc, je vous prie ?

— Soit, Monseigneur ; mais j'enverrai au ministère, et, là, M. de Lyonne retirera l'ordre ou l'approuvera.

— Vous connaissez bien la signature du roi, monsieur de Baisemeaux ?

— Oui, Monseigneur.

— N'est-elle pas sur cet ordre de mise en liberté ?

— C'est vrai ; mais elle peut...

— Être fausse, n'est-ce pas ?

— Cela s'est vu, Monseigneur.

— Vous avez raison. Et celle de M. de Lyonne ?

— Je la vois bien sur l'ordre ; mais, de même qu'on peut contrefaire le seing du roi, l'on peut, à plus forte raison, contrefaire celui de M. de Lyonne ?

— Eh bien, monsieur de Baisemeaux, fit Aramis en attachant sur le gouverneur son regard d'aigle, j'adopte si franchement vos doutes et votre façon de les éclaircir, que je vais prendre une plume si vous me la donnez.

Baisemeaux donna une plume.

— Une feuille blanche quelconque, ajouta Aramis.

Baisemeaux donna le papier.

— Et que je vais écrire, moi aussi, moi présent, moi incontestable, n'est-ce pas ? un ordre auquel, j'en suis certain, vous donnerez créance, si incrédule que vous soyez.

Aramis prit la plume et écrivit. Baisemeaux, terrifié, lisait derrière son épaule :

" A. M. D. G." écrivit l'évêque, et il souscrivit une croix au-dessous de ces quatre lettres, qui signifient *ad majorem Dei gloriam*[1]. Puis il continua :

" Il nous plaît que l'ordre apporté à M. de Baisemeaux de Montlezun, gouverneur pour le roi du château de la Bastille, soit réputé par lui bon et valable, et mis sur-le-champ à exécution.

" Signé : D'HERBLAY,
" *général de l'ordre par la grâce de Dieu.*"

Baisemeaux fut frappé si profondément, que ses traits demeurèrent contractés, ses lèvres béantes, ses yeux fixes. Il ne remua pas, il n'articula pas un son.

On n'entendait dans la vaste salle que le bourdonnement d'une petite mouche qui voletait autour des flambeaux.

---

[1] **Ad majorem Dei gloriam** : pour la plus grande gloire de Dieu. Les initiales de cette devise se voient souvent sur les écritures des Jésuites.

— Allons, allons, dit Aramis après un long silence, pendant lequel le gouverneur de la Bastille avait repris peu à peu ses sens, ne me faites pas croire, cher Baisemeaux, que la présence du général de l'ordre est terrible comme celle de Dieu, et qu'on meurt de l'avoir vu. Du courage ! levez-vous, donnez-moi votre main, et obéissez.

Baisemeaux obéit. Il appela son lieutenant, et lui donna une consigne, que celui-ci transmit, sans s'émouvoir, à qui de droit.

Une demi-heure après, on entendit une porte se refermer dans la cour : c'était la porte du donjon qui venait de rendre sa proie à l'air libre.

Aramis souffla toutes les bougies qui éclairaient la chambre. Il n'en laissa brûler qu'une, derrière la porte.

Les pas se rapprochèrent.

— Allez au-devant de vos hommes, dit Aramis à Baisemeaux.

Le gouverneur obéit.

Le sergent et les guichetiers disparurent.

Baisemeaux rentra, suivi d'un prisonnier.

Aramis s'était placé dans l'ombre ; il voyait sans être vu.

Baisemeaux, d'une voix émue, fit connaître à ce jeune homme l'ordre qui le rendait libre.

Le prisonnier écouta sans faire un geste ni prononcer un mot.

— Vous jurerez, c'est le règlement qui le veut, ajouta le gouverneur, de ne jamais rien révéler de ce que vous avez vu ou entendu dans la Bastille ?

Le prisonnier aperçut un christ ; il étendit la main, et jura des lèvres.

— A présent, monsieur, vous êtes libre ; où comptez-vous aller ?

Le prisonnier tourna la tête, comme pour chercher derrière lui une protection sur laquelle il avait dû compter.

C'est alors qu'Aramis sortit de l'ombre.

— Me voici, dit-il, pour rendre à monsieur le service qu'il lui plaira de me demander.

Baisemeaux conduisit l'évêque jusqu'au bas du perron.

Aramis fit monter son compagnon avant lui dans le carrosse, y monta ensuite, et, sans donner d'autre ordre au cocher :

— Allez ! dit-il.

La voiture roula bruyamment sur le pavé des cours. Un officier, portant un flambeau, devançait les chevaux, et donnait à chaque corps de garde l'ordre de laisser passer.

Pendant le temps que l'on mit à ouvrir toutes les barrières, Aramis ne respira point, et l'on eût pu entendre son cœur battre contre les parois de sa poitrine.

Le prisonnier, plongé dans un angle du carrosse, ne donnait pas non plus signe d'existence.

Enfin, un soubresaut, plus fort que les autres, annonça que le dernier ruisseau était franchi. Derrière le carrosse se referma la dernière porte, celle de la rue Saint-Antoine. Plus de murs à droite ni à gauche ; le ciel partout, la liberté partout, la vie partout. Les chevaux, tenus en bride par une main vigoureuse, allèrent doucement jusqu'au milieu du faubourg. Là, ils prirent le trot.

Alors, Philippe lui saisissant la main d'un mouvement rapide et nerveux :

— Allons, dit-il, allons où l'on trouve la couronne de France !

— C'est votre décision, mon prince ? repartit Aramis.

— C'est ma décision.

— Irrévocable ?

Philippe ne daigna pas même répondre. Il regarda résolument l'évêque, comme pour lui demander s'il était possible qu'un homme revînt jamais sur un parti pris.

— J'avais envoyé à Votre Altesse un homme à moi, chargé de lui remettre un cahier de notes écrites finement, rédigées avec sûreté, notes qui permettent à Votre Altesse de connaître à fond toutes les personnes qui composent et composeront sa cour.

— J'ai lu toutes ces notes.

— Attentivement ?

— Je les sais par cœur. Mais il faudra bien un premier ministre à un roi ignorant et embarrassé comme je le serai.

— Il faudra un ami à Votre Majesté ?

— Je n'en ai qu'un, c'est vous.

— Vous en aurez d'autres plus tard ; jamais d'aussi dévoué, jamais d'aussi zélé pour votre gloire.

— Vous serez mon premier ministre.

Pas tout de suite, Monseigneur. Cela donnerait trop d'ombrage et d'étonnement.

— M. de Richelieu, premier ministre de ma grand' mère Marie de Médicis, n'était qu'évêque de Luçon, comme vous êtes évêque de Vannes.

— Je vois que Votre Altesse Royale a bien profité de mes notes. Cette miraculeuse perspicacité me comble de joie.

— Je sais bien que M. de Richelieu, par la protection de la reine, est devenu bientôt cardinal.

— Il vaudra mieux, dit Aramis en s'inclinant, que
je ne sois premier ministre qu'après que Votre Altesse
Royale m'aura fait nommer cardinal.

— Vous le serez avant deux mois, monsieur
d'Herblay.

— M. de Richelieu, dont nous parlions, dit Aramis,
a eu le tort très grand de s'attacher à gouverner seulement la France. Il a laissé deux rois, le roi Louis
XIII et lui, trôner sur le même trône, tandis qu'il
pouvait les installer plus commodément sur deux
trônes différents.

— Sur deux trônes ? dit le jeune homme en rêvant.

— En effet, poursuivit Aramis tranquillement : je
vous aurai donné le trône de France, vous me donnerez
le trône de saint Pierre.

— Monsieur d'Herblay, vous serez cardinal ;
cardinal, vous serez mon premier ministre. Et puis
vous m'indiquerez ce qu'il faut faire pour qu'on vous
élise pape ; je le ferai. Demandez-moi des garanties.

— C'est inutile. Je n'agirai jamais qu'en vous
faisant gagner quelque chose ; je ne monterai jamais
sans vous avoir hissé sur l'échelon supérieur ; je me
tiendrai toujours assez loin de vous pour échapper à
votre jalousie, assez près pour maintenir votre profit
et surveiller votre amitié. Tous les contrats en ce
monde se rompent, parce que l'intérêt qu'ils renfer-
ment tend à pencher d'un seul côté. Jamais entre nous
il n'en sera de même ; je n'ai pas besoin de garanties.

— Ainsi…mon frère…disparaîtra ?…

— Simplement. Nous l'enlèverons de son lit par
le moyen d'un plancher qui cède à la pression du

doigt.   Endormi sous la couronne, il se réveillera dans la captivité.   Seul, vous commanderez à partir de ce moment, et vous n'aurez pas d'intérêt plus cher que celui de me conserver près de vous.

Le carrosse courut rapidement sur la route de Vaux-le-Vicomte.

V

LE PLUS GRAND ROI DU MONDE

Le château de Vaux-le-Vicomte, situé à une lieue de Melun[1], avait été bâti par Fouquet[2] en 1753.   Il n'y avait alors que peu d'argent en France.   Mazarin avait tout pris, et Fouquet dépensait le reste.

Cette maison, bâtie par un sujet, ressemble bien plus à une maison royale que ces maisons royales dont Wolsey[3] se croyait forcé de faire présent à son maître de peur de le rendre jaloux.

Mais, si la magnificence et le goût éclatent dans un endroit spécial de ce palais, si quelque chose peut être préféré à la splendide ordonnance des intérieurs, au luxe des dorures, à la profusion des peintures et des statues, c'est le parc, ce sont les jardins de Vaux. Les jets d'eau, merveilleux en 1653, sont encore des merveilles aujourd'hui ; les cascades faisaient l'admi‑ ration de tous les rois et de tous les princes.

Tout arbre du voisinage qui offrait un bel espoir avait été enlevé avec ses racines, et planté tout vif dans le parc.   Fouquet pouvait bien acheter des

---

[1] **Melun** : ville située au S.E. et à 40 kilomètres de Paris.
[2] **Fouquet** : surintendant des finances.   Il donna une grande fête à Louis XIV dans ce château en 1661.
[3] **Wolsey** : cardinal anglais.

arbres pour orner son parc, puisqu'il avait acheté trois villages et leurs contenances pour l'agrandir.

On dit de ce palais que, pour l'arroser, M. Fouquet avait divisé une rivière en mille fontaines et réuni mille fontaines en torrents.

Cette splendide maison était prête pour recevoir *le plus grand roi du monde*. Les amis de M. Fouquet avaient voituré là, les uns leurs acteurs et leurs décors, les autres leurs équipages de statuaires et de peintres, les autres encore leurs plumes finement taillées. Il s'agissait de risquer beaucoup d'impromptus.

Une armée de serviteurs courait par escouades dans les cours et dans les vastes corridors, tandis que Fouquet, arrivé le matin seulement, se promenait calme et clairvoyant, pour donner les derniers ordres, après que ses intendants avaient passé leur revue.

Bien sûr qu'Aramis avait distribué les grandes masses, qu'il avait pris soin de faire garder les portes et préparer les logements, Fouquet ne s'occupait plus que de l'ensemble. Ici, Gourville lui montrait les dispositions du feu d'artifice ; là, Molière[1] le conduisait au théâtre ; et enfin, après avoir visité la chapelle, les salons, les galeries, Fouquet redescendait épuisé, quand il vit Aramis dans l'escalier. Le prélat lui faisait signe.

Le surintendant vint joindre son ami.

Par delà Melun, dans la plaine, les sentinelles de Vaux avaient aperçu le cortège du roi et des reines : Sa Majesté entrait dans Melun avec sa longue file de carrosses et de cavaliers.

---

[1] **Molière :** célèbre acteur et auteur comique.

— Dans une heure, dit Aramis à Fouquet.

— Dans une heure ! répliqua celui-ci en soupirant.

— Et ce peuple qui se demande à quoi servent les fêtes royales ! continua l'évêque de Vannes en riant de son faux rire.

— Hélas ! moi, qui ne suis pas peuple, je me le demande aussi.

— Je vous répondrai dans vingt-quatre heures, Monseigneur. Prenez votre bon visage, car c'est jour de joie.

— Eh bien, croyez-moi, si vous voulez, d'Herblay, dit le surintendant avec expansion, en désignant du doigt le cortège de Louis à l'horizon, il ne m'aime guère, je ne l'aime pas beaucoup, mais je ne sais comment il se fait que, depuis qu'il approche de ma maison...

— Eh bien, quoi ?

— Eh bien, depuis qu'il se rapproche, il m'est plus sacré, il m'est le roi, il m'est presque cher.

Aramis salua.

— Où allez-vous donc ? reprit Fouquet, devenu sombre.

— Chez moi, pour changer d'habits, Monseigneur.

— Où vous êtes-vous logé, d'Herblay ?

— Dans la chambre bleue du deuxième étage.

— Celle qui donne au-dessus de la chambre du roi ?

— Précisément.

— Quelle sujétion vous avez prise là ! Se condamner à ne pas remuer !

— Toute la nuit, Monseigneur, je dors ou je lis dans mon lit.

— Et vos gens ?

Oh ! je n'ai qu'une personne avec moi.

— Si peu !

— Mon lecteur me suffit. Adieu, Monseigneur ; ne vous fatiguez pas trop. Conservez-vous frais pour l'arrivée du roi.

— On vous verra ? on verra votre ami du Vallon[1] ?

— Je l'ai logé près de moi. Il s'habille.

Et Fouquet, saluant de la tête et du sourire, passa comme un général en chef qui visite des avant-postes quand on lui a signalé l'ennemi.

Vers sept heures du soir, le roi se présenta devant la grille de Vaux, où Fouquet, prévenu, attendait, depuis une demi-heure, tête nue, au milieu de sa maison et de ses amis.

M. Fouquet tint l'étrier au roi, qui, ayant mis pied à terre, le releva gracieusement, et, plus gracieuse-ment encore, lui tendit une main que Fouquet, malgré un léger effort du roi, porta respectueusement à ses lèvres.

Le roi voulait attendre, dans la première enceinte, l'arrivée des carrosses. Il n'attendit pas longtemps. Les chemins avaient été battus par ordre du surin-tendant. On n'eût pas trouvé, depuis Melun jusqu'à Vaux, un caillou gros comme un œuf. Aussi les carrosses, roulant comme sur un tapis, amenèrent-ils, sans cahots ni fatigues, toutes les dames à huit heures. Elles furent reçues par madame la surintendante, et, au moment où elles apparaissaient, une lumière vive, comme celle du jour, jaillit de tous les arbres,

---

[1] **du Vallon :** connu aux lecteurs de Dumas sous le nom de Porthos, ancien Mousquetaire, ami dévoué d'Aramis.

de tous les vases, de tous les marbres. Cet enchante-
ment dura jusqu'à ce que Leurs Majestés se fussent
perdues dans l'intérieur du palais.

Toutes ces merveilles, que le chroniqueur a
entassées ou plutôt conservées dans son récit, au
risque de rivaliser avec le romancier, ces splendeurs
de la nuit vaincue, de la nature corrigée, de tous les
plaisirs, de tous les luxes combinés pour la satisfaction
des sens et de l'esprit, Fouquet les offrit réellement à
son roi, dans cette retraite enchantée, dont nul
souverain en Europe ne pouvait se flatter alors de
posséder l'équivalent.

Nous ne parlerons ni du grand festin qui réunit
Leurs Majestés, ni des concerts, ni des féeriques
métamorphoses ; nous nous contenterons de peindre
le visage du roi, qui, de gai, d'ouvert, de bien-
heureux qu'il était d'abord, devint bientôt sombre,
contraint, irrité. Il se rappelait sa maison à lui, et
ce pauvre luxe qui n'était que l'ustensile de la
royauté sans être la propriété de l'homme-roi. Les
grands vases du Louvre[1], les vieux meubles et la
vaisselle de Henri II, de François Ier, de Louis XI,
n'étaient que des monuments historiques. Ce n'é-
taient que des objets d'art. Chez Fouquet, la
valeur était dans le travail comme dans la matière.
Fouquet mangeait dans un or que des artistes à lui
avaient fondu et ciselé pour lui. Fouquet buvait des
vins dont le roi de France ne savait pas le nom ; il
les buvait dans des gobelets plus précieux chacun que
toute la cave royale.

On conduisit, en grande cérémonie, le roi dans

[1] **Le Louvre :** autrefois palais royal, aujourd'hui grand
musée.

la chambre de Morphée[1], dont nous devons une mention légère à nos lecteurs. C'était la plus belle et la plus vaste du palais. Le Brun[2] avait peint, dans la coupole, les songes heureux et les songes tristes que Morphée suscite aux rois comme aux hommes. Tout ce que le sommeil enfante de gracieux, ce qu'il verse de miel et de parfums, de fleurs et de nectar, de voluptés ou de repos dans les sens, le peintre en avait enrichi les fresques. C'était une composition aussi suave dans une partie, que sinistre et terrible dans l'autre. Les coupes qui versent les poisons, le fer qui brille sur la tête du dormeur, les sorciers et les fantômes aux masques hideux, les demi-ténèbres, plus effrayantes que la flamme ou la nuit profonde, voilà ce qu'il avait donné pour pendants à ses gracieux tableaux.

Le roi, entré dans cette chambre magnifique, fut saisi d'un frisson. Fouquet en demanda la cause.

— J'ai sommeil, répliqua Louis assez pâle.

— Votre Majesté veut-elle son service sur-le-champ ?

— Non, j'ai à causer avec quelques personnes, dit le roi ; faites, je vous prie, venir ici M. d'Artagnan[3].

Fouquet prit la main du roi et la baisa. Louis frissonna de tout son corps, mais laissa toucher sa main aux lèvres de M. Fouquet.

Cinq minutes après, d'Artagnan, auquel on avait transmis l'ordre royal, entrait dans la chambre de Louis XIV.

---

[1] **Morphée :** dieu des songes.
[2] **Le Brun :** célèbre peintre de l'époque.
[3] **d'Artagnan :** capitaine des Mousquetaires.

— Combien avez-vous d'hommes ici ? demanda le roi.

— Pourquoi faire, Sire ?

— Combien avez-vous d'hommes ? répéta le roi en frappant du pied.

— J'ai les mousquetaires.

— Après ?

— J'ai vingt gardes et treize suisses.

— Combien faut-il de gens pour...

— Pour ?...dit le mousquetaire avec ses grands yeux calmes.

— Pour arrêter M. Fouquet.

D'Artagnan fit un pas en arrière.

— Arrêter M. Fouquet ! dit-il avec éclat.

— Allez-vous dire aussi que c'est impossible ? s'écria le roi avec une rage froide et haineuse.

— Je ne dis jamais qu'une chose soit impossible, répliqua d'Artagnan blessé au vif.

— Eh bien, faites !

D'Artagnan tourna sur ses talons sans mesure et se dirigea vers la porte.

L'espace à parcourir était court ; il le franchit en six pas. Là, s'arrêtant :

— Pardon, Sire, dit-il.

— Quoi ? dit le roi.

— Pour faire cette arrestation, je voudrais un ordre écrit.

— A quel propos ? et depuis quand la parole du roi ne vous suffit-elle pas ?

— Parce qu'une parole de roi, issue d'un sentiment de colère, peut changer quand le sentiment change.

— Pas de phrases, monsieur ! vous avez une autre pensée.

— Oh ! j'ai toujours des pensées, moi, et des pensées que les autres n'ont malheureusement pas, répliqua impertinemment d'Artagnan.

Le roi, dans la fougue de son emportement, plia devant cet homme, comme le cheval plie les jarrets sous la main robuste du dompteur.

— Votre pensée ? s'écria-t-il.

— La voici, Sire, répondit d'Artagnan. Vous faites arrêter un homme lorsque vous êtes encore chez lui : c'est de la colère. Quand vous ne serez plus en colère, vous vous repentirez. Alors, je veux pouvoir vous montrer votre signature. Si cela ne répare rien, au moins cela nous montrera-t-il que le roi a tort de se mettre en colère.

Louis se mordit les lèvres.

— Comment ! dit d'Artagnan, voilà un homme qui se ruine pour vous plaire, et vous voulez le faire arrêter ? Mordious ! Sire, si je m'appelais Fouquet et que l'on me fît cela, j'avalerais d'un coup dix fusées d'artifice, et j'y mettrais le feu pour me faire sauter, moi et tout le reste. C'est égal, vous le voulez, j'y vais.

— Allez ! fit le roi. Mais avez-vous assez de monde ?

— Croyez-vous, Sire, que je vais emmener un anspessade avec moi ? Arrêter M. Fouquet, mais c'est si facile, qu'un enfant le ferait. M. Fouquet à arrêter, c'est un verre d'absinthe à boire. On fait la grimace, et c'est tout.

— S'il se défend ?...

— Lui ? Allons donc ! se défendre quand une rigueur comme celle-là le fait roi et martyr ! Tenez, s'il lui reste un million, ce dont je doute, je gage

qu'il le donnerait pour avoir cette fin-là.   Allons,
Sire, j'y vais.

— Attendez ! dit le roi.

— Ah ! qu'y a-t-il ?

— Gardez-moi M. Fouquet jusqu'à ce que,
demain, j'aie pris une résolution.

— Ce sera fait, Sire.

— Et revenez à mon lever pour prendre mes
nouveaux ordres.

— Je reviendrai.

— Maintenant, qu'on me laisse seul.

D'Artagnan partit.   Le roi ferma sa porte lui-
même, et commença une furieuse course dans sa
chambre, comme le taureau blessé qui traîne après
lui ses banderoles et les fers des hameçons.   Enfin,
il se mit à se soulager par des cris.

— Ah ! le misérable ! non seulement il me vole
mes finances, mais, avec cet or, il me corrompt
secrétaires, amis, généraux, artistes.   Il me souille
tout !   Il me ruine tout !   Il me tuera !   Cet
homme est trop pour moi !   Il est mon mortel
ennemi !   Cet homme tombera !   Je le hais !...je
le hais !...je le hais !...   Demain !   demain !...
Oh ! le beau jour ! murmura-t-il ; quand le soleil se
lèvera, n'ayant que moi pour rival, cet homme tombera si bas, qu'en voyant les ruines que ma colère aura
faites, on avouera enfin que je suis plus grand que lui !

Le roi, incapable de se maîtriser plus longtemps,
renversa d'un coup de poing une table placée près de
son lit, et, dans la douleur qu'il ressentit, pleurant
presque, suffoquant, il alla se précipiter sur ses draps,
tout habillé comme il était, pour les mordre et pour
y trouver le repos du corps.

Après qu'il se fut roidi et tordu pendant quelques instants sur le lit, ses bras inertes retombèrent à ses côtés. Sa tête languit sur l'oreiller de dentelle, ses membres épuisés frissonnèrent, agités de légères contractions musculaires, sa poitrine ne laissa plus filtrer que de rares soupirs.

Alors il lui sembla, comme il arrive souvent dans le premier sommeil, si doux et si léger, qui élève le corps au-dessus de la couche, l'âme au-dessus de la terre, il lui sembla que le dieu Morphée, peint sur le plafond, le regardait avec des yeux tout humains ; que quelque chose brillait et s'agitait dans le dôme ; que les essaims de songes sinistres, un instant déplacés, laissaient à découvert un visage d'homme, la main appuyée sur sa bouche, et dans l'attitude d'une méditation contemplative. Et, chose étrange, cet homme ressemblait tellement au roi, que Louis croyait voir son propre visage réfléchi dans un miroir. Seulement, ce visage était attristé par un sentiment de profonde pitié.

Puis il lui sembla, peu à peu, que le dôme fuyait, échappant à sa vue, et que les figures et les attributs, peints par Le Brun, s'obscurcissaient dans un éloignement progressif. Un mouvement doux, égal, cadencé comme celui d'un vaisseau qui plonge sous la vague, avait succédé à l'immobilité du lit. Le roi faisait un rêve sans doute, et, dans ce rêve, la couronne d'or qui attachait les rideaux s'éloignait comme le dôme auquel elle restait suspendue, de sorte que le génie ailé, qui, des deux mains, soutenait cette couronne, semblait appeler vainement le roi, qui disparaissait loin d'elle.

Le lit s'enfonçait toujours. Louis, les yeux

ouverts, se laissait décevoir par cette cruelle hallucination. Enfin, la lumière de la chambre royale allant s'obscurcissant, quelque chose de froid, de sombre, d'inexplicable envahit l'air. Plus de peintures, plus d'or, plus de rideaux de velours, mais des murs d'un gris terne, dont l'ombre s'épaississait de plus en plus. Et cependant le lit descendait toujours, et, après une minute, qui parut un siècle au roi, il atteignit une couche d'air noire et glacée. Là, il s'arrêta.

VI

LÈSE-MAJESTÉ

Le roi ne voyait plus la lumière de sa chambre que comme, du fond d'un puits, on voit la lumière du jour.

— Je fais un affreux rêve ! pensa-t-il. Il est temps de me réveiller. Allons, réveillons-nous !

Mais à ce mot : " Réveillons-nous ! " il s'aperçut que non seulement il était éveillé, mais encore qu'il avait les yeux ouverts. Alors il les jeta autour de lui.

A sa droite et à sa gauche se tenaient deux hommes armés, enveloppés chacun dans un vaste manteau, et le visage couvert d'un masque.

L'un de ces hommes tenait à la main une petite lampe, dont la lueur rouge éclairait le plus triste tableau qu'un roi pût envisager.

— Êtes-vous à M. Fouquet ? demanda le roi un peu interdit.

— Peu importe à qui nous appartenons ! dit le fantôme. Nous sommes vos maîtres, voilà tout.

Le roi, plus impatient qu'intimidé, se tourna vers le second masque.

— Si c'est une comédie, fit-il, vous direz à M. Fouquet que je la trouve inconvenante, et j'ordonne qu'elle cesse.

Ce second masque, auquel s'adressait le roi, était un homme de très haute taille et d'une vaste circonférence. Il se tenait droit et immobile comme un bloc de marbre.

— Eh bien, ajouta le roi, vous ne me répondez pas ?

— Nous ne vous répondons pas, mon petit monsieur, fit le géant d'une voix de stentor, parce qu'il n'y a rien à vous répondre.

— Mais, enfin, que me veut-on ? s'écria Louis en se croisant les bras avec colère.

— Vous le saurez plus tard, répondit le porte-lampe.

— En attendant, où suis-je ?

— Regardez !

— Oh ! oh ! un cachot ? fit le roi.

— Non, un souterrain

— Qui mène ?...

— Veuillez nous suivre.

— Je ne bougerai pas d'ici, s'écria le roi.

— Si vous faites le mutin, mon jeune ami, répondit le plus robuste des deux hommes, je vous enlèverai, je vous roulerai dans un manteau, et, si vous y étouffez, ma foi ! ce sera tant pis pour vous.

Le roi eut horreur d'une violence ; car il comprenait que ces deux hommes, au pouvoir desquels il se trouvait, pousseraient la chose jusqu'au bout. Il secoua la tête.

— Il paraît que je suis tombé aux mains de deux assassins, dit-il. Marchons !

Aucun des deux hommes ne répondit à cette parole. Celui qui tenait la lampe marcha le premier ; le roi le suivit ; le second masque vint ensuite. On traversa ainsi une galerie longue et sinueuse.

Un instant, Louis s'arrêta hésitant ; mais le robuste gardien qui le suivait le poussa hors du souterrain.

— Encore une fois, dit le roi en se retournant vers celui qui venait de se livrer à cet acte audacieux de toucher son souverain, que voulez-vous faire du roi de France ?

— Tâchez d'oublier ce mot-là, répondit l'homme à la lampe.

— Mais, enfin, où allons-nous ? dit le roi.

— Venez, répondit le premier des deux hommes avec une sorte de respect, et en conduisant son prisonnier vers un carrosse qui semblait attendre.

Ce carrosse était entièrement caché dans les feuillages. Deux chevaux, ayant des entraves aux jambes, étaient attachés aux branches basses d'un grand chêne.

— Montez, dit le même homme en ouvrant la portière du carrosse et en abaissant le marchepied.

Le roi obéit, s'assit au fond de la voiture dont la portière se ferma à l'instant même sur lui et sur son conducteur. Quant au géant, il coupa les entraves et les liens des chevaux, les attela lui-même et monta sur le siège, qui n'était pas occupé. Aussitôt le carrosse partit au grand trot, gagna la route de Paris, et, dans la forêt de Sénart, trouva un relais attaché à des arbres comme les premiers chevaux. L'homme du siège changea d'attelage et continua rapidement sa route vers Paris, où il entra vers trois heures du matin. Le carrosse suivit le faubourg Saint-Antoine, et, après avoir crié à la sentinelle : " Ordre du roi ! " le cocher guida les chevaux dans l'enceinte circulaire de la Bastille, aboutissant à la cour du Gouvernement. Là, les chevaux s'arrêtèrent fumants aux degrés du perron. Un sergent de garde accourut.

— Qu'on éveille M. le gouverneur, dit le cocher d'une voix de tonnerre.

A part cette voix, qu'on eût pu entendre de l'entrée du faubourg Saint-Antoine, tout demeura calme dans le carrosse comme dans le château. Dix minutes après M. de Baisemeaux parut en robe de chambre sur le seuil de sa porte.

— Qu'est-ce encore, demanda-t-il, et que m'amenez-vous là ?

L'homme à la lanterne ouvrit la portière du carrosse et dit deux mots au cocher. Aussitôt celui-ci descendit de son siège, prit un mousqueton qu'il y tenait sous ses pieds, et appuya le canon de l'arme sur la poitrine du prisonnier.

— Et faites feu, s'il parle ! ajouta tout haut l'homme qui descendait de la voiture.

— Bien ! répliqua l'autre sans plus d'observation.

Cette recommandation faite, le conducteur du roi monta les degrés, au haut desquels l'attendait le gouverneur.

— Monsieur d'Herblay ! s'écria celui-ci.

— Chut ! dit Aramis. Entrons chez vous.

— Oh ! mon Dieu ! Et quoi donc vous amène à cette heure ?

— Une erreur, mon cher monsieur de Baisemeaux,

répondit tranquillement Aramis. Il paraît que, l'autre jour, vous aviez raison.

— A quel propos ? demanda le gouverneur.

— Mais à propos de cet ordre d'élargissement, cher ami.

— Oui, pour Marchiali.

— Eh bien, n'est-ce pas, nous avons tous cru que c'était pour Marchiali ?

— Sans doute. Cependant, rappelez-vous que, moi, je doutais ; que, moi, je ne voulais pas ; que c'est vous qui m'avez contraint.

— Oh ! quel mot employez-vous là, cher Baise meaux !...engagé, voilà tout.

— Engagé, oui, engagé à vous le remettre, et que vous l'avez emmené dans votre carrosse.

— Eh bien, mon cher monsieur de Baisemeaux, c'était une erreur. On l'a reconnue au ministère, de sorte que je vous rapporte un ordre du roi pour mettre en liberté... Seldon, ce pauvre diable d'écossais, vous savez ?

— Seldon ? Vous êtes sûr, cette fois ?...

— Dame ! lisez vous-même, ajouta Aramis en lui remettant l'ordre.

— Mais, dit Baisemeaux, cet ordre, c'est celui qui m'a déjà passé par les mains.

— Vraiment ?

— C'est celui que je vous attestais avoir vu l'autre soir. Parbleu ! je le reconnais au pâté d'encre.

— Je ne sais si c'est celui-là ; mais toujours est-il que je vous l'apporte.

— Mais, alors, l'autre ?

— Qui l'autre ?

— Marchiali ?

— Je vous le ramène.

— Mais cela ne me suffit pas. Il faut, pour le reprendre, un nouvel ordre.

— Ne dites donc pas de ces choses-là, mon cher Baisemeaux ; vous parlez comme un enfant ! Où est l'ordre que vous avez reçu, touchant Marchiali ?

Baisemeaux courut à son coffre et l'en tira. Aramis le saisit, le déchira froidement en quatre morceaux, approcha les morceaux de la lampe et les brûla.

— Mais que faites-vous ? s'écria Baisemeaux au comble de l'effroi.

— Considérez un peu la situation, mon cher gouverneur, dit Aramis avec son imperturbable tranquillité, et vous allez voir comme elle est simple. Vous n'avez plus d'ordre qui justifie la sortie de Marchiali.

— Eh ! mon Dieu, non ! je suis un homme perdu !

— Mais pas du tout, puisque je vous ramène Marchiali. Du moment que je vous le ramène, c'est comme s'il n'était pas sorti.

— Mais, enfin, pourquoi, après m'avoir pris Marchiali, me le ramenez-vous ? s'écria le malheureux gouverneur dans un paroxysme de douleur et d'attendrissement.

— Pour un ami comme vous, dit Aramis, pour un serviteur comme vous, pas de secrets.

Et Aramis approcha sa bouche de l'oreille de Baisemeaux.

— Vous savez, continua Aramis à voix basse, quelle ressemblance il y avait entre ce malheureux et... ?

— Et le roi ; oui.

— Eh bien, le premier usage qu'a fait Marchiali de sa liberté a été pour soutenir, devinez quoi ?

— Comment voulez-vous que je devine ?

— Pour soutenir qu'il était le roi de France.

— Oh ! le malheureux ! s'écria Baisemeaux.

— Ç'a été pour se revêtir d'habits pareils à ceux du roi et se poser en usurpateur.

— Bonté du ciel !

— Voilà pourquoi je vous le ramène, cher ami. Il est fou, et dit sa folie à tout le monde.

— Que faire, alors ?

— C'est bien simple : ne le laissez communiquer avec personne. Vous comprenez que, lorsque sa folie est venue aux oreilles du roi, qui avait eu pitié de son malheur, et qui se voyait récompensé de sa bonté par une noire ingratitude, le roi a été furieux. De sorte que, maintenant, retenez bien ceci, cher monsieur de Baisemeaux, car ceci vous regarde, de sorte que, maintenant, il y a peine de mort contre ceux qui le laisseraient communiquer avec d'autres que moi, ou le roi lui-même. Vous entendez, Baise·meaux, peine de mort !

— Si j'entends, morbleu !

— Et maintenant, descendez, et reconduisez ce pauvre diable à son cachot.

Baisemeaux fit battre le tambour et sonner la cloche qui avertissait chacun de rentrer, afin d'éviter la rencontre d'un prisonnier mystérieux. Puis, lorsque les passages furent libres, il alla prendre au carrosse le prisonnier, que Porthos, fidèle à la consigne, maintenait toujours le mousqueton sur la gorge.

— Ah ! vous voilà, malheureux ! s'écria Baise-meaux en apercevant le roi. C'est bon ! c'est bon !

Et aussitôt, faisant descendre le roi de voiture, il le conduisit, toujours accompagné de Porthos, qui n'avait pas quitté son masque, et d'Aramis qui avait remis le sien, dans la deuxième Bertaudière, et lui ouvrit la porte de la chambre où, pendant six ans, avait gémi Philippe.

Le roi entra dans le cachot sans prononcer une parole. Il était pâle et hagard.

Baisemeaux referma la porte sur lui, donna lui-même deux tours de clef à la serrure, et, revenant à Aramis :

— C'est, ma foi, vrai ! lui dit-il tout bas, qu'il ressemble au roi ; cependant, moins que vous ne le dites.

— De sorte, fit Aramis, que vous ne vous seriez pas laissé prendre à la substitution, vous ?

— Ah ! par exemple !

— Vous êtes un homme précieux, mon cher Baisemeaux, dit Aramis. Maintenant, mettez en liberté Seldon.

— C'est juste ; j'oubliais... Je vais donner l'ordre.

— Bah ! demain, vous avez le temps.

— Demain ? Non, non, à l'instant même. Dieu me garde d'attendre une seconde !

— Alors, allez à vos affaires ; moi, je vais aux miennes. Mais c'est compris, n'est-ce pas ?

— Qu'est-ce qui est compris ?

— Que personne n'entrera chez le prisonnier qu'avec un ordre du roi, ordre que j'apporterai moi-même ?

— C'est dit.   Adieu ! Monseigneur.

Et le carrosse, délivré d'un prisonnier qui, en effet, pouvait paraître bien lourd à Aramis, franchit le pont-levis de la Bastille, qui se releva derrière lui.

Le roi eut peur ; il sentit le dégoût ; il recula vers la porte en poussant un grand cri.   Et, comme s'il eût fallu ce cri, échappé de sa poitrine, pour qu'il se reconnût lui-même, Louis se comprit vivant, raisonnable et nanti de sa conscience naturelle.

— Prisonnier ! s'écria-t-il ; moi, moi, prisonnier !

Il chercha des yeux une sonnette pour appeler.

— Il n'y a pas de sonnettes à la Bastille, dit-il, et c'est à la Bastille que je suis enfermé.   Maintenant, comment ai-je été fait prisonnier ?   C'est une conspiration de M. Fouquet nécessairement.   J'ai été attiré à Vaux dans un piège.   M. Fouquet ne peut être seul dans cette affaire.   Son agent...cette voix...c'était M. d'Herblay ; je l'ai reconnu.   Mais que me veut Fouquet ?   Régnera-t-il à ma place ?   Impossible !   Qui sait ?...   Mon frère le duc d'Orléans fait peut-être contre moi ce qu'a voulu faire, toute sa vie, mon oncle contre mon père...   Mais il y a un gouverneur ici.   Je lui parlerai.   Appelons.

Il appela.   Aucune voix ne répondit à la sienne.

Il prit la chaise et s'en servit pour frapper dans la massive porte de chêne.   Le bois sonna sur le bois, et fit parler plusieurs échos lugubres dans les profondeurs de l'escalier ; mais, de créature qui répondît, pas une.

Vingt autres tentatives, faites successivement, n'obtinrent pas plus de succès.

Au bout d'une heure, Louis entendit quelque

chose dans le corridor, derrière sa porte, et un violent coup, répondu dans cette porte même, fit cesser les siens.

— Ah çà ! êtes-vous fou ? dit une rude et grossière voix, que vous prend-il ce matin ?

— Ce matin ? pensa le roi surpris.

Puis, poliment :

— Monsieur, dit-il, êtes-vous le gouverneur de la Bastille ?

— Mon brave, vous avez la cervelle détraquée, répliqua la voix, mais ce n'est pas une raison pour faire tant de vacarme. Taisez-vous, mordieu !

— Est-ce vous le gouverneur ? demanda encore le roi.

Une porte se referma. Le guichetier venait de partir, sans daigner même répondre un mot.

— Il viendra, dit Louis, un moment où l'on m'apportera la nourriture que l'on donne à tous les prisonniers. Je verrai alors quelqu'un, je parlerai, on me répondra.

Et le roi chercha dans sa mémoire à quelle heure avait lieu le premier repas des prisonniers dans la Bastille. Il ignorait même ce détail. Ce fut un coup de poignard sourd et cruel, que ce remords d'avoir vécu vingt-cinq ans, roi et heureux, sans penser à tout ce que souffre un malheureux qu'on prive injustement de sa liberté. Le roi en rougit de honte. Il sentait que Dieu, en permettant cette humiliation terrible, ne faisait que rendre à un homme la torture infligée par cet homme à tant d'autres.

Il en était là de ses réflexions, c'est-à-dire de son agonie, quand le même bruit se fit entendre derrière sa porte, suivi cette fois du grincement des clefs et du bruit des verrous jouant dans les gâches.

C'était seulement un porte-clefs chargé d'un panier plein de vivres.

Le roi considérait cet homme avec inquiétude ; il attendit qu'il parlât.

— Ah ! dit celui-ci, vous avez cassé votre chaise, je le disais bien. Mais il faut que vous soyez devenu enragé !

— Faites-moi monter le gouverneur, répondit noblement le roi.

— Voyons, mon enfant, dit le guichetier, vous avez toujours été bien sage ; mais la folie rend méchant, et nous voulons bien vous prévenir : vous avez cassé votre chaise et fait du bruit ; c'est un délit qui se punit du cachot. Promettez-moi de ne pas recommencer, et je n'en parlerai pas au gouverneur.

— Je veux voir le gouverneur, répliqua le roi sans sourciller.

— Il vous fera mettre dans le cachot, prenez-y garde.

— Je veux ! entendez-vous ?

— Ah ! voilà votre œil qui devient hagard. Bon ! je vous retire votre couteau.

Et le guichetier fit ce qu'il disait, ferma la porte et partit, laissant le roi plus étonné, plus malheureux, plus seul que jamais.

En vain recommença-t-il le jeu du bâton de chaise ; en vain fit-il voler par la fenêtre les plats et les assiettes : rien ne lui répondit plus.

Deux heures après, ce n'était plus un roi, un gentilhomme, un homme, un cerveau ; c'était un fou s'arrachant les ongles aux portes, essayant de dépaver la chambre, et poussant des cris si effrayants,

que la vieille Bastille semblait trembler jusque dans
ses racines d'avoir osé se révolter contre son maître.

VII

L'AMI DU ROI

Le jeune prince descendit de chez Aramis comme
le roi était descendu de la chambre de Morphée.
Le dôme s'abaissa lentement sous la pression de
M. d'Herblay, et Philippe se trouva devant le lit
royal, qui était remonté après avoir déposé son
prisonnier dans les profondeurs des souterrains.

Mais la pâleur le prit quand il considéra ce lit
vide et encore froissé par le corps de son frère.

On peut être ambitieux de coucher dans le lit
du lion, mais on ne doit pas espérer d'y dormir
tranquille.

Vers le matin, une ombre bien plutôt qu'un corps
se glissa dans la chambre royale ; Philippe l'attendait
et ne s'en étonna pas.

— Eh bien, monsieur d'Herblay ? dit-il.

— Eh bien, Sire, tout est fini.

— Comment ?

— Tout ce que nous attendions.

— Résistance ?

— Acharnée : pleurs, cris.

— Puis ?

— Puis la stupeur.

— Mais enfin ?

— Enfin, victoire complète et silence absolu.

— Le gouverneur de la Bastille se doute-t-il ?...

— De rien.

— Cette ressemblance ?

— Est la cause du succès.

— Mais le prisonnier ne peut manquer de s'expliquer, songez-y. J'ai bien pu le faire moi qui avais à combattre un pouvoir bien autrement solide que n'est le mien.

— J'ai déjà pourvu à tout. Dans quelques jours, plus tôt peut-être, s'il est besoin, nous tirerons le captif de sa prison, et nous le dépayserons par un exil si lointain...

— On revient de l'exil, monsieur d'Herblay.

— Si loin, ai-je dit, que les forces matérielles de l'homme et la durée de sa vie ne suffiraient pas au retour.

Encore une fois, le regard du jeune roi et celui d'Aramis se croisèrent avec une froide intelligence.

En ce moment, Aramis entendit quelque chose qui lui fit dresser l'oreille.

— Qu'y a-t-il ? dit Philippe.

— Le jour, Sire.

— Eh bien ?

— Eh bien, avant de vous coucher, hier, sur ce lit, vous avez probablement décidé de faire quelque chose ce matin, au jour ?

— J'ai dit à mon capitaine des mousquetaires, répondit le jeune homme vivement, que je l'attendrais.

— Si vous lui avez dit cela, il viendra assurément ; car c'est un homme exact.

— J'entends un pas dans le vestibule.

— C'est lui.

En effet, un coup retentit à l'extérieur.

Aramis ne s'était pas trompé : c'était bien d'Artagnan qui s'annonçait de la sorte.

Mais, au lieu de la figure royale, qu'il s'apprêtait à saluer respectueusement, il aperçut la figure longue et impassible d'Aramis.

— Mon cher d'Artagnan, voici un ordre dont vous prendrez connaissance sur-le-champ. Cet ordre concerne M. Fouquet.

D'Artagnan prit l'ordre qu'on lui tendait.

— Mise en liberté ? murmura-t-il. Ah !

— Je vous accompagne, dit l'évêque.

— Où cela ?

— Chez M. Fouquet ; je veux jouir de son contentement.

Fouquet attendait avec anxiété ; il avait déjà congédié plusieurs de ses serviteurs et de ses amis qui, devançant l'heure de ses réceptions accoutumées, étaient venus à sa porte. A chacun d'eux, taisant le danger suspendu sur sa tête, il demandait seulement où l'on pouvait trouver Aramis.

Quand il vit revenir d'Artagnan, quand il aperçut derrière lui l'évêque de Vannes, sa joie fut au comble ; elle égala toute son inquiétude. Voir Aramis, c'était pour le surintendant une compensation au malheur d'être arrêté.

Le prélat était silencieux et grave ; d'Artagnan était bouleversé par toute cette accumulation d'événements incroyables.

— Eh bien, capitaine, vous m'amenez M. d'Herblay ?

— Et quelque chose de mieux encore, Monseigneur.

— Quoi donc ?

— La liberté.

— Je suis libre ?

— Vous l'êtes. Ordre du roi.

Fouquet reprit toute sa sérénité pour bien inter-
roger Aramis avec son regard.

— Oh ! oui, vous pouvez remercier M. l'évêque
de Vannes, poursuivit d'Artagnan ; car c'est bien à
lui que vous devez le changement du roi.

Alors, Aramis, se tournant vers lui avec douceur :

— Mon ami, dit-il, vous vous rappellerez bien,
n'est-ce pas, l'ordre du roi touchant les défenses pour
son petit lever ?

Ces mots étaient assez clairs. Le mousquetaire
les comprit ; il salua donc M. Fouquet, puis Aramis
avec une teinte de respect ironique, et disparut.

Alors M. Fouquet, dont toute l'impatience avait
eu peine à attendre ce moment, s'élança vers la porte
pour la fermer, et, revenant à l'évêque :

— D'Herblay, dit-il, par notre alliance, par notre
amitié, par tout ce que vous avez de plus cher au
monde, parlez-moi, je vous en supplie. A quoi devez-
vous d'avoir ainsi pénétré chez Louis XIV ? Il ne
vous aimait pas, je le sais.

— Le roi m'aimera maintenant, dit Aramis en
appuyant sur ce dernier mot.

— Vous avez eu quelque chose de particulier
avec lui ?

— Oui.

— Un secret, peut-être ?

— Oui, un secret.

— Un secret de nature à changer les intérêts de
Sa Majesté ?

— Vous êtes un homme réellement supérieur,
Monseigneur. Vous avez bien deviné. J'ai, en
effet, découvert un secret de nature à changer les
intérêts du roi de France.

— Ah ! dit Fouquet, avec la réserve d'un galant
homme qui ne veut pas questionner.

— Vous souvient-il, dit l'évêque les yeux baissés,
de la naissance de Louis XIV ?

— Comme d'aujourd'hui.

— Avez-vous ouï dire quelque chose de particulier
sur cette naissance ?

— Rien.

— La reine, au lieu d'accoucher d'un fils, accoucha
de deux enfants.

Fouquet leva la tête.

— Et le second est mort ? dit-il.

— Vous allez voir. Ces deux jumeaux devaient
être l'orgueil de leur mère et l'espoir de la France ;
mais la faiblesse du roi, sa superstition, lui firent
craindre des conflits entre deux enfants égaux en
droits ; il supprima l'un des deux jumeaux.

— Supprima, dites-vous ?

— Attendez... Ces deux enfants grandirent :
l'un, sur le trône, vous êtes son ministre ; l'autre,
dans l'ombre et l'isolement...

— Et celui-là ?

— Est mon ami.

— Mon Dieu ! que me dites-vous là, monsieur
d'Herblay ? Et que fait ce pauvre prince ?

— Demandez-moi d'abord ce qu'il a fait.

— Oui, oui.

— Il a été élevé dans une campagne, puis séquestré
dans une forteresse que l'on nomme la Bastille.

— Est-ce possible ! s'écria le surintendant les
mains jointes.

— L'un était le plus fortuné des mortels, l'autre
le plus malheureux des misérables.

— Et sa mère ignore-t-elle ?

— Anne d'Autriche sait tout.

— Et le roi ?

— Ah ! le roi ne sait rien.

— Tant mieux ! dit Fouquet.

Cette exclamation parut impressionner vivement Aramis. Il regarda d'un air soucieux son interlocuteur.

— Pardon, je vous ai interrompu, dit Fouquet.

— Je disais donc, reprit Aramis, que ce pauvre prince était le plus malheureux des hommes, quand Dieu, qui songe à toutes ses créatures, entreprit de venir à son secours.

— Oh ! comment cela ?

— Vous allez voir. Le roi régnant... Je dis le roi régnant, vous devinez bien pourquoi.

— Non... Pourquoi ?

— Parce que tous deux, bénéficiant légitimement de leur naissance eussent dû être rois. Est-ce votre avis ?

— C'est mon avis.

— Positif ?

— Positif. Les jumeaux sont un en deux corps.

— Il y a une particularité remarquable touchant ces jumeaux : c'est que Dieu les a faits tellement semblables l'un à l'autre, que lui seul, s'il les citait à son tribunal, les saurait distinguer l'un de l'autre. Leur mère ne le pourrait pas.

— Est-il possible ! s'écria Fouquet.

— Même noblesse dans les traits, même démarche, même taille, même voix.

— Mais la pensée ? mais l'intelligence ? mais la science de la vie ?

— Oh ! en cela, inégalité, Monseigneur. Oui, car le prisonnier de la Bastille est d'une supériorité incontestable sur son frère, et si, de la prison, cette pauvre victime passait sur le trône, la France n'aurait pas, depuis son origine peut-être, rencontré un maître plus puissant par le génie et la noblesse de caractère.

— Je vous comprends, dit-il à Aramis : vous me proposez une conspiration.

— A peu près.

— Une de ces tentatives qui, ainsi que vous le disiez au début de cet entretien, changent le sort des empires.

— Et des surintendants ; oui, Monseigneur.

— Mais, reprit Fouquet après un silence pénible, vous n'avez pas réfléchi que cette œuvre politique est de nature à bouleverser tout le royaume, et vous négligez les chances de l'exécution, c'est-à-dire la réalité ; est-ce possible ?

— Allez dans la chambre du roi, répondit tranquillement Aramis, et, vous qui savez le mystère, je vous défie de vous apercevoir que le prisonnier de la Bastille est couché dans le lit de son frère.

— Mais le roi ? balbutia Fouquet, saisi d'horreur à cette nouvelle.

— Quel roi ? dit Aramis de son plus doux accent, celui qui vous hait ou celui qui vous aime ?

— Le roi... d'hier ?...

— Le roi d'hier ? Rassurez-vous ; il a été prendre, à la Bastille, la place que sa victime occupait depuis trop longtemps.

— Juste ciel ! Et qui l'y a conduit ?

— Moi.

— Vous ?

— Oui, et de la façon la plus simple. Je l'ai enlevé cette nuit, et, pendant qu'il redescendait dans l'ombre, l'autre remontait à la lumière. Je ne crois pas que cela ait fait du bruit. Un éclair sans tonnerre, cela ne réveille jamais personne.

Fouquet poussa un cri sourd, comme s'il eût été atteint d'un coup invisible, et, prenant sa tête dans ses deux mains crispées :

— Vous avez fait cela ? murmura-t-il.

— Assez adroitement. Qu'en pensez-vous ?

— Vous avez détrôné le roi ? vous l'avez emprisonné ?

— C'est fait.

— Et l'action s'est accomplie ici, à Vaux ?

— Ici, à Vaux, dans la chambre de Morphée. Ne semblait-elle pas avoir été bâtie dans la prévoyance d'un pareil acte ?

— Et cela s'est passé ?

— Cette nuit.

— Cette nuit ?

— Entre minuit et une heure.

Fouquet fit un mouvement comme pour se jeter sur Aramis ; il se retint.

— A Vaux ! chez moi !... dit-il d'une voix étranglée.

— Mais je crois que oui.

— C'est donc chez moi que s'est exécuté ce crime.

— Ce crime ! fit Aramis stupéfait.

— Ce crime abominable ! poursuivit Fouquet en s'exaltant de plus en plus ; ce crime plus exécrable qu'un assassinat ! ce crime qui déshonore à jamais mon nom et me voue à l'horreur de la postérité !

— Çà, vous êtes en délire, monsieur, répondit Aramis d'une voix mal assurée ; vous parlez trop haut : prenez garde !

— Je crierai si haut, que l'univers m'entendra.

— Monsieur Fouquet, prenez garde !

— Rien ne m'arrêtera. Vous allez quitter Vaux, vous allez quitter la France ; je vous donne quatre heures pour vous mettre hors de la portée du roi.

— Quatre heures ? fit Aramis railleur et incrédule.

— C'est plus qu'il n'en faut pour vous embarquer et gagner Belle-Isle, que je vous donne pour refuge.

— Ah ! murmura Aramis.

— Belle-Isle[1], c'est à moi pour vous, comme Vaux est à moi pour le roi. Allez, d'Herblay, allez ; tant que je vivrai, il ne tombera pas un cheveu de votre tête.

— Merci ! dit Aramis avec une sombre ironie.

— Partez donc, et me donnez la main pour que tous deux nous courions, vous, au salut de votre vie, moi, au salut de mon honneur.

Tous deux s'élancèrent hors de la chambre par l'escalier secret, qui aboutissait aux cours intérieures.

Fouquet commanda ses meilleurs chevaux, et Aramis s'arrêta au bas de l'escalier qui conduisait à la chambre de Porthos. Il réfléchit longtemps, pendant que le carrosse de Fouquet quittait au grand galop le pavé de la cour principale.

— Partir seul ?... se dit Aramis ; prévenir le prince ?... Oh ! fureur !... Prévenir le prince, et alors quoi faire ?... Partir avec lui ?... Traîner partout ce témoignage accusateur ?... La guerre ?...

---

[1] **Belle-Isle :** île française de l'Océan Atlantique.

La guerre civile, implacable ?... Sans ressource, hélas !... Impossible !... Que fera-t-il sans moi ?... Oh ! sans moi, il s'écroulera comme moi... Qui sait ?... Que la destinée s'accomplisse !... Il était condamné, qu'il demeure condamné !... Je suis perdu !... Que faire ?... Aller à Belle-Isle ?... Oui. Et Porthos qui va rester ici, et parler, et tout conter à tous ! Porthos, qui souffrira peut-être !... Je ne veux pas que Porthos souffre. C'est un de mes membres : sa douleur est mienne. Porthos partira avec moi, Porthos suivra ma destinée. Il le faut.

Et Aramis, tout à la crainte de rencontrer quelqu'un à qui cette précipitation pût paraître suspecte, Aramis gravit l'escalier sans être aperçu de personne.

Porthos, revenu à peine de Paris, dormait déjà du sommeil du juste. Son corps énorme oubliait la fatigue, comme son esprit oubliait la pensée.

Aramis entra léger comme une ombre, et posa sa main nerveuse sur l'épaule du géant.

— Allons, cria-t-il, allons, Porthos, allons !

Porthos obéit, se leva, ouvrit les yeux avant d'avoir ouvert son intelligence.

— Nous partons, fit Aramis.

— Ah ! fit Porthos.

— Nous partons à cheval, plus rapides que nous n'avons jamais couru.

Les deux fugitifs montèrent à cheval sous les yeux du capitaine des mousquetaires, qui tint l'étrier à Porthos et accompagna ses amis du regard, jusqu'à ce qu'il les eût vus disparaître.

— En toute autre occasion, pensa le Gascon[1],

---

[1] **Le Gascon** : d'Artagnan était né en Gascogne.

je dirais que ces gens-là se sauvent ; mais, aujourd'hui,
la politique est si changée, que cela s'appelle aller en
mission. Je le veux bien. Allons à nos affaires.

Et il rentra philosophiquement à son logis.

VIII

LE FAUX ROI

Cependant, à Vaux, la royauté usurpatrice
continuait bravement son rôle.

Philippe donna ordre qu'on introduisît pour son
petit lever[1] les grandes entrées[2], déjà prêtes à paraître
devant le roi. Il se décida à donner cet ordre, malgré
l'absence de M. d'Herblay, qui ne revenait pas, et
nos lecteurs savent pour quelle raison. Mais le
prince, ne croyant pas que cette absence pût se
prolonger, voulait, comme tous les esprits téméraires,
essayer sa valeur et sa fortune, loin de toute protection, de tout conseil.

Il ouvrit les deux battants de la porte, et plusieurs
personnes entrèrent silencieusement. Philippe ne
bougea point tant que ses valets de chambre l'habil-
lèrent. Il fit le roi, de manière à n'éveiller aucun
soupçon.

Ce fut donc tout habillé, avec l'habit de chasse,
qu'il reçut les visiteurs. Sa mémoire et les notes
d'Aramis lui annoncèrent tout d'abord Anne

[1] Au petit lever le roi recevait des gentilshommes qui
l'aidaient à s'habiller. Le grand lever avait lieu quand le roi
était peigné et rasé.
[2] Les grandes entrées : ce terme indique ici les gentilshommes qui avaient le droit d'entrer à certaines heures dans
la chambre du roi sans permission particulière.

d'Autriche, à laquelle Monsieur[1] donnait la main, puis Madame[2] avec M. de Saint-Aignan.

Il sourit en voyant ces visages, et frissonna en reconnaissant sa mère.

Alors commença, de la part d'Anne d'Autriche, une dissertation politique sur l'accueil que M. Fouquet avait fait à la maison de France. Elle entremêla ses hostilités de compliments à l'adresse du roi, de questions sur sa santé, de petites flatteries maternelles, et de ruses diplomatiques.

Enfin la reine mère voulut prendre congé.

— Demeurez, ma mère, dit Philippe ; je veux vous faire faire la paix avec M. Fouquet.

— Mais je n'en veux pas à M. Fouquet ; je craignais seulement ses prodigalités.

— Nous y mettrons ordre.

Et il se tourna vers la porte, où il espérait voir Aramis, dont l'absence commençait à lui peser.

— Que cherche donc Votre Majesté ? dit Madame voyant le roi regarder encore vers la porte.

— Ma sœur, dit le jeune homme, j'attends un homme extrêmement distingué, un conseiller des plus habiles, que je veux vous présenter à tous, en le recommandant à vos bonnes grâces. Ah ! entrez donc, d'Artagnan.

D'Artagnan parut.

— Que veut Sa Majesté ?

— Dites donc, où est M. l'évêque de Vannes, votre ami ?

— Mais, Sire...

---

[1] **Monsieur :** titre donné autrefois au frère cadet du roi.
[2] **Madame :** femme de Monsieur.

— Je l'attends et ne le vois pas venir. Qu'on me le cherche.

D'Artagnan demeura un instant stupéfait ; mais bientôt, réfléchissant qu'Aramis avait quitté Vaux secrètement avec une mission du roi, il en conclut que le roi voulait garder le secret.

— Vous verrez, continua Philippe, la profondeur de M. de Richelieu, moins l'avarice de M. de Mazarin.

— Un premier ministre, Sire ? demanda Monsieur effrayé.

— Je vous conterai cela, mon frère ; mais c'est étrange que M. d'Herblay ne soit pas ici ?

Il appela.

— Qu'on prévienne M. Fouquet, dit-il, j'ai à lui parler... Oh ! devant vous, devant vous ; ne vous retirez point.

La conversation languit dans la famille royale ; Philippe, préoccupé, oubliait de congédier[1] son frère et Madame. Ceux-ci s'étonnaient et perdaient peu à peu patience. Anne d'Autriche se pencha vers son fils et lui adressa quelques mots en espagnol.

Philippe ignorait complètement cette langue ; il pâlit devant cet obstacle inattendu. Mais au lieu de se déconcerter, il se leva.

— Eh bien, quoi ? Répondez, dit Anne d'Autriche.

— Quel est tout ce bruit ? demanda Philippe en se tournant vers la porte de l'escalier dérobé.

Et l'on entendait une voix qui criait :

— Par ici, par ici ! Encore quelques degrés, Sire !

[1] **Congédier :** on ne se retirait pas sans la permission du roi.

— La voix de M. Fouquet ! dit d'Artagnan placé près de la reine mère.

— M. d'Herblay ne saurait être loin, ajouta Philippe.

Mais il vit ce qu'il était bien loin de s'attendre à voir si près de lui.

Tous les yeux s'étaient tournés vers la porte par laquelle allait entrer M. Fouquet ; mais ce ne fut pas lui qui entra.

Louis XIV se montra pâle et le sourcil froncé sous la portière de l'escalier secret.

Fouquet laissa voir, derrière, son visage empreint de sévérité et de tristesse.

La reine mère, qui aperçut Louis XIV, et qui tenait la main de Philippe, poussa un cri terrible, comme elle eût fait en voyant un fantôme.

Monsieur eut un mouvement d'éblouissement et tourna la tête, de celui des deux rois qu'il apercevait en face, vers celui aux côtés duquel il se trouvait.

Madame fit un pas en avant, croyant voir se refléter, dans une glace, son beau-frère.

Et, de fait, l'illusion était possible.

Les deux princes, défaits l'un et l'autre, car nous renonçons à peindre l'épouvantable saisissement de Philippe, et tremblants tous deux, crispant l'un et l'autre une main convulsive, se mesuraient du regard et plongeaient leurs yeux comme des poignards dans l'âme l'un de l'autre. Muets, haletants, courbés, ils paraissaient prêts à fondre sur un ennemi.

Soudain Louis XIV, plus impatient et plus habitué à commander, courut à un des volets, qu'il ouvrit en déchirant les rideaux. Un flot de vive

lumière entra dans la chambre et fit reculer Philippe
jusqu'à l'alcôve.

Ce mouvement, Louis le saisit avec ardeur, et
s'adressant à la reine :

— Ma mère, dit-il, ne reconnaissez-vous pas
votre fils, puisque chacun ici a méconnu son roi ?

Anne d'Autriche tressaillit et leva les bras au
ciel sans pouvoir articuler un mot.

— Ma mère, dit Philippe avec une voix calme, ne
reconnaissez-vous pas votre fils ?

Et, cette fois, Louis recula à son tour.

Quant à Anne d'Autriche, elle perdit l'équilibre,
frappée à la tête et au cœur par le remords. Nul ne
l'aidant, car tous étaient pétrifiés, elle tomba sur
son fauteuil en poussant un faible soupir.

Louis ne put supporter ce spectacle et cet affront.

— A moi, dit-il, mousquetaire ! Regardez-nous
au visage, et voyez lequel, de lui ou de moi, est plus
pâle.

Ce cri réveilla d'Artagnan et vint remuer en son
cœur la fibre de l'obéissance. Il secoua son front, et,
sans hésiter désormais, il marcha vers Philippe, sur
l'épaule duquel il appuya la main en disant :

— Monsieur, vous êtes mon prisonnier !

Philippe ne leva pas les yeux au ciel, ne bougea pas
de la place où il se tenait comme cramponné au parquet, l'œil profondément attaché sur le roi son frère.
Il lui reprochait, dans un sublime silence, tous ses
malheurs passés, toutes ses tortures de l'avenir.
Contre ce langage de l'âme, le roi ne se sentit plus
de force ; il baissa les yeux, entraîna précipitamment
son frère et sa belle-sœur, oubliant sa mère étendue
sans mouvement à trois pas du fils qu'elle laissait

une seconde fois condamner à la mort. Philippe
s'approcha d'Anne d'Autriche, et lui dit d'une voix
douce et noblement émue :

— Si je n'étais pas votre fils, je vous maudirais,
ma mère, pour m'avoir rendu si malheureux.

D'Artagnan sentit un frisson passer dans la moelle
de ses os. Il salua respectueusement le jeune prince,
et lui dit à demi courbé :

— Excusez-moi, Monseigneur, je ne suis qu'un
soldat, et mes serments sont à celui qui sort de cette
chambre.

— Merci, monsieur d'Artagnan. Mais qu'est devenu M. d'Herblay ?

— M. d'Herblay est en sûreté, Monseigneur, dit
une voix derrière eux, et nul, moi vivant ou libre, ne
fera tomber un cheveu de sa tête.

— Monsieur Fouquet ! dit le prince en souriant
tristement.

— Pardonnez-moi, Monseigneur, dit Fouquet en
s'agenouillant ; mais celui qui vient de sortir d'ici
était mon hôte.

— Voilà, murmura Philippe avec un soupir, de
braves amis et de bons cœurs. Ils me font regretter
ce monde. Marchez, monsieur d'Artagnan, je vous
suis.

Au moment où le capitaine des mousquetaires
allait sortir, Colbert apparut, remit à d'Artagnan un
ordre du roi et se retira.

D'Artagnan le lut et froissa le papier avec rage.

— Qu'y a-t-il ? demanda le prince.

— Lisez, Monseigneur, repartit le mousquetaire.

Philippe lut ces mots tracés à la hâte de la main
de Louis XIV :

" M. d'Artagnan conduira le prisonnier aux îles Sainte-Marguerite[1]. Il lui couvrira le visage d'une visière de fer, que le prisonnier ne pourra lever sous peine de vie."

— C'est juste, dit Philippe avec résignation. Je suis prêt.

FIN

[1] **Les îles Sainte-Marguerite :** autrement les Lérins, groupe d'îles françaises de la Méditerranée, situées en face de Cannes ; les deux principales sont Sainte-Marguerite et Saint-Honorat.

QUESTIONNAIRES ET EXERCICES

I. LA SOCIÉTÉ DE M. DE BAISEMEAUX

A.

1. Sur quel moyen Aramis comptait-il pour faire parler le gouverneur ?

2. Qui est-ce qui faisait les visites dans la Bastille ? et à qui ?

3. De quelle société le gouverneur faisait-il partie ?

4. De quel mot se dérive *affilié* ?

5. Citez l'engagement dont parla Aramis.

6. Qu'est-ce qu'il allait faire si le gouverneur ne voulait pas comprendre l'engagement ?

7. Qui est-ce que le valet annonça ?

8. Quel fut le rapport du médecin ?

9. Sous quel prétexte le gouverneur voulut-il empêcher Aramis d'entrer chez le prisonnier ?

10. Est-ce que ce prétexte-là valait beaucoup ?

11. Quelle réponse fit-on à la demande du prisonnier ?

12. Quels étaient les bruits de la prison par cette belle nuit étoilée ?

13. Pourquoi Baisemeaux n'entra-t-il pas chez le prisonnier ?

14. Décrivez les mouvements d'Aramis en entrant chez le prisonnier.

15. De quel mot se dérive *décroissance* ?

B.

1. Mettez à la deuxième personne du singulier du présent : " Baisemeaux croyait... efficace " (p. 1).

2. Récrivez le passage : "Jusque-là...suivit" (p. 5), en supposant que c'est le gouverneur qui fait le récit, et en remplaçant le passé historique par le parfait.

3. Le même exercice pour le morceau : "Baisemeaux s'inclina...autour de lui" (p. 6), en supposant que c'est Aramis qui fait le récit.

C.

1. Ecrivez, sous forme de dialogue, la conversation d'Aramis avec M. de Baisemeaux jusqu'au point où Aramis se révéla.

2. Racontez les incidents par lesquels M. de Baisemeaux fut enfin convaincu.

D.

Résumez les moyens par lesquels Aramis se fit introduire chez le prisonnier.

E.

Description et histoire de la Bastille.

II. LA CONFESSION DU PRISONNIER

A.

1. Quel mot anglais se dérive de "couvre-feu"?
2. Comment le prisonnier était-il favorisé?
3. Décrivez sa chambre.
4. Et sa posture.
5. Que dit-il des fleurs?
6. Du soleil?
7. De la nuit?
8. De ses promenades?
9. Que savait-il de ses parents?
10. Comment avait-on eu soin de faire de lui un cavalier accompli?
11. Pourquoi le gouverneur descendit-il dans la cour?
12. "A ce mot je tressaillis." Pourquoi?

13. Qu'est-ce que dame Perronnette devait dire au garçon de la ferme ?

14. Comment la lettre fut-elle repêchée ?

15. Que trouva-t-on dans la lettre ?

16. Qu'est-ce qui excita les soupçons du gouverneur ?

B.

1. Ecrivez au singulier : " Regardez, dit-il…les plus belles de toutes " (p. 8). (*Une* rose !)

2. Mettez le morceau : " J'ai mieux…suffit pas " (p. 9) à l'imparfait, en supposant que c'est Aramis qui parle.

3. Récrivez le passage : "Alors, sans savoir ce que je faisais … réfugier " (p. 15) à la troisième personne, en supposant que c'est une jeune fille qui parle, et en remplaçant le passé historique par le parfait.

C.

1. Le prisonnier raconte ses distractions.

2. Le prisonnier raconte l'incident de la lettre.

D.

Le gouverneur raconte l'incident de la lettre.

E.

Journée d'un prisonnier.

III. UNE ENTENTE

A.

1. Qu'est-ce que le prisonnier avait appris par une pièce de monnaie ?

2. Distinguez entre " plus qu'un souvenir " et " plus d'un souvenir."

3. Comment Louis XIII reçut-il la nouvelle de la naissance d'un fils ?

4. Et du deuxième ?

5. Construisez des phrases pour faire ressortir la différence entre *le parti, la partie, la part.*

6. Pourquoi le second fils avait-il disparu ?

7. Avait-il absolument disparu ?

8. Décrivez le portrait du roi Louis XIV.

9. " La royauté, c'est la puissance." Expliquez.

10. Quels étaient les obstacles qui, selon le prisonnier, rendaient l'évasion impossible ?

11. Comment Aramis se proposa-t-il de les surmonter ?

12. Quelles difficultés devait-on rencontrer après ?

13. Qu'est-ce qu'Aramis voulait faire du jeune prince ?

14. Et du roi ?

15. Comment apaisa-t-il Baisemeaux ?

B.

1. Mettez au présent le passage : "Le roi, qui s'était vu...consoler" (p. 19), en commençant ainsi : *Le roi, qui s'est vu...doit être....*

2. Mettez au pluriel : " J'admets que ce soit possible...mes ennemis " (p. 21). (*Deux* captifs !)

C.

1. Comment Aramis complète-t-il les notions d'histoire du prisonnier ?

2. Racontez ce qui se passa entre Aramis et Baisemeaux.

D.

Le prince résume dans son journal sa conversation avec Aramis.

E.

Les réflexions d'Anne d'Autriche sur le sort de ses deux fils.

IV. LE GÉNÉRAL DE L'ORDRE

A.

1. Est-ce que les mets étaient les mêmes pour tous les prisonniers ?
2. Quel conseil Aramis donna-t-il au sujet du courrier ?
3. Pourquoi Baisemeaux n'aimait-il pas les courriers ?
4. Qu'est-ce que ce courrier-là apporta ?
5. Racontez la ruse d'Aramis.
6. Pourquoi Baisemeaux voulut-il différer l'exécution de l'ordre ?
7. Pourquoi y avait-il de la poudre sur l'ordre ?
8. A quel ordre Baisemeaux donna-t-il enfin créance ?
9. Pourquoi Aramis souffla-t-il les bougies ?
10. Complétez la phrase " Plus de murs à droite ni à gauche."
11. Quelle fut la décision du prince ?
12. Comment Aramis avait-il instruit le prince ?
13. Quel profit en avait tiré celui-ci ?
14. Comment allait-on éviter la faute de Richelieu ?
15. Par quel moyen ferait-on disparaître le roi ?

B.

1. Mettez au discours indirect le passage suivant. " Allez-vous délivrer Marchiali ?...l'approuvera " (p. 29). (*Aramis demanda si...*)
2. Mettez au discours indirect le passage suivant : "Monsieur d'Herblay, vous serez cardinal...amitié " (p. 34), en supposant que c'est le prince qui parle. (*Je lui ai dit qu'il serait...*)

C.

1. Racontez l'histoire de l'ordre d'élargissement.
2. Rapportez la conversation d'Aramis avec le prince.

D.

Baisemeaux résume les événements de la soirée.

E.

L'Ordre des Jésuites.

V.   LE PLUS GRAND ROI DU MONDE
A.

1. A quoi Dumas compare-t-il le château ?
2. Qu'est-ce qu'on y a surtout admiré ?
3. Comment Fouquet avait-il planté le parc ?
4. Quelles gens avait-il rassemblées pour recevoir le roi ?
5. Que faisait-il ce matin-là ?
6. Comment apprit-on l'approche de Sa Majesté ?
7. Décrivez le logement d'Aramis.   Que savez-vous de son lecteur ?
8. Avec quel sentiment Fouquet attendait-il le roi ?
9. Comment étaient les chemins ? et pourquoi ?
10. Quelles splendeurs Fouquet offrit-il à son roi ?
11. Quel changement remarqua-t-on chez le roi ?
12. Pourquoi ce changement ?
13. Pourquoi d'Artagnan voulut-il un ordre écrit ?
14. Combien d'hommes fallait-il pour arrêter Fouquet ?
15. Comment le roi se coucha-t-il ?

B.

Récrivez le passage : "Alors il lui sembla...Là, il s'arrêta" (p. 44), comme si le roi lui-même racontait son rêve ; c'est-à-dire, à la première personne, et en remplaçant le passé historique par le parfait.

C.

1. Décrivez le château et la réception du roi.
2. Rapportez la conversation du roi avec d'Artagnan.

D.

Le roi résume les événements de la journée et de la nuit.

E.

La Chambre de Morphée.

VI. LÈSE-MAJESTÉ

A.

1. "...qu'un roi pût envisager." Pourquoi le subjonctif?

2. "Le porte-lampe." Citez, toujours en les accompagnant de l'article, d'autres exemples d'un nom composé d'un verbe et d'un nom.

3. Quel mot anglais se dérive de "bouger"? Comparez les usages.

4. Quelle raison le roi avait-il de craindre une violence?

5. Que trouva-t-on en sortant de la galerie?

6. Comment était l'homme qui conduisit le carrosse à Paris?

7. Où était l'autre gardien?

8. "L'homme du siège changea d'attelage." Expliquez.

9. De quel mot se dérive "aboutissant"?

10. Comparez l'usage des mots "marchepied" et "degré," "porte" et "portière."

11. "On l'a reconnue." Expliquez l'accord du participe.

12. A quoi Baisemeaux reconnut-il l'ordre?

13. Sous quel prétexte Aramis "ramena"-t-il Marchiali?

14. Pourquoi Baisemeaux fit il battre le tambour?

15. Qu'est-ce que Baisemeaux pensait de la ressemblance entre le roi et Marchiali?

B.

1. Mettez au discours indirect le passage : "Il n'y a pas de sonnettes...Je lui parlerai " (p. 53). (*Le roi se dit qu'il n'y avait pas...*)

2. Mettez au singulier: "Vous avez toujours été bien sage...au gouverneur " (p. 55) ; c'est-à-dire, le guichetier tutoie le prisonnier.

3. Mettez au futur: "Le roi obéit...accourut " (p. 47), comme si le cocher disait d'avance comment les choses vont se passer.

C.

Rapportez la conversation qu'eut Aramis avec Baisemeaux touchant (1) l'ordre, (2) le prisonnier.

D.

Le roi raconte son étrange aventure, à partir du moment où il s'est trouvé dans le souterrain.

E.

Les réflexions du roi dans son cachot.

VII. L'AMI DU ROI

A.

1. De quel exil Aramis parla-t-il ?

2. Pourquoi d'Artagnan vint-il à la chambre du prince ?

3. Quel ordre lui donna Aramis ?

4. Pourquoi d'Artagnan quitta-t-il la chambre de Fouquet ?

5. Quel était l'avis de Fouquet sur les droits des jumeaux ?

6. Jusqu'à quel point ces jumeaux se ressemblaient-ils ?

7. Pourquoi Fouquet s'opposa-t-il dès le début à la conspiration ?

8. Qu'est-ce qui lui fit horreur ?

9. " Je ne crois pas que cela ait fait du bruit." Pourquoi le subjonctif ?

10. Pourquoi Fouquet s'exalta-t-il de plus en plus ?
11. Quelle décision prit-il enfin ?
12. Quelle promesse fit-il à Aramis ?
13. Pourquoi Aramis n'alla-t-il pas prévenir le prince ?
14. Pourquoi éveilla-t-il Porthos ?

B.

1. Récrivez le passage : "Le jeune prince...ne s'en étonna pas" (p. 56), en remplaçant le passé historique par le parfait, et en supposant que c'est le prince qui fait le récit.

2. Même exercice pour le passage : " Fouquet attendait...arrêté " (p. 58) ; seulement cette fois c'est Fouquet qui fait le récit.

3. Récrivez les paroles de Fouquet : "Vous allez quitter Vaux...mon honneur" (p. 64), en lui faisant tutoyer Aramis.

C.

1. Résumez, sous forme de conversation, l'entrevue d'Aramis avec Fouquet.

2. Racontez quelles furent les pensées et les actions d'Aramis après cette entrevue.

D.

Fouquet raconte ce qu'il a appris et ce qu'il a cru devoir faire.

E.

C'est dans le besoin qu'on connaît ses amis.

VIII. LE FAUX ROI

A.

1. Pourquoi le prince se décida-t-il à ne pas attendre l'arrivée de M. d'Herblay ?

2. Comment réussit-il à n'éveiller aucun soupçon ?

3. Sur quels sujets Anne d'Autriche parla-t-elle à son fils ?

R. 6

4. Pourquoi d'Artagnan demeura-t-il stupéfait?

5. Qui avait la profondeur de M. de Richelieu, moins l'avarice de M. de Mazarin?

6. Que savez-vous de ces deux ministres?

7. "Tremblants tous deux, et crispant l'un et l'autre une main convulsive." Expliquez l'accord du participe présent.

8. Pourquoi Louis ouvrit-il un volet?

9. Comment profita-t-il du mouvement de son frère?

10. Qui vint au secours du roi?

11. Quelle est la construction du verbe "reprocher"?

12. A qui étaient les serments de d'Artagnan? De quel mot se dérive *serment*?

13. Comment Fouquet s'excusa-t-il auprès du prince?

14. "Je vous suis." Quel est le passé historique de ce verbe?

15. Pourquoi d'Artagnan froissa-t-il le papier?

B.

1. Mettez à la première personne du présent: "Mais le prince...sa mère" (p. 66).

2. Mettez au discours indirect:

(a) "J'attends un homme...grâces" (p. 67).
(b) "Qu'on prévienne...point" (p. 68).
(c) "Ma mère...son roi" (p. 70).
(d) "Excusez-moi...chambre" (p. 71).
(e) "Ils me font regretter ce monde" (p. 71).
(f) "M. d'Artagnan conduira...vie" (p. 72).

C.

1. Décrivez les visiteurs du roi et leur conversation.

2. Racontez l'entrevue des deux frères.

D.

Philippe raconte les événements de la matinée.

E.

Critique de *L'homme au masque de fer*.

LEXIQUE DES MOTS LES MOINS USITÉS

un **abîme,** pit
 d'**abord,** first
 aboutir, to end
 accabler, to oppress
 accoucher de, bear
un **accueil,** welcome
 acharné, desperate
un **acquit,** receipt
 affilier, to attach
 affreux, terrible
 s'**agenouiller,** to kneel
 agir, to act
un **aigle,** eagle
 ailleurs, elsewhere
 l'**aînesse** (*f.*), seniority by
 birth
 ajourner, to put off
 ajouter, to add
 allonger, to stretch out
 allumer, to light
une **âme,** soul
 amer, bitter
 l'**amertume** (*f.*), bitter-
 ness
un **anspessade,** man-at-arms
 approprier, to adapt
 appuyer, to lay, lean, lay
 stress
une **armoire,** cupboard
 arracher, to tear
 arroser, to water
un **asile,** hiding-place
une **assiette,** plate
 assurer, to assert, assure
un **athée,** unbeliever
 atteindre, to reach
 l'**atteinte** (*f.*), reach

un **attelage,** team
 atteler, to harness, put in
 attendre, to expect, a-
 wait
 l'**attendrissement** (*m.*), e-
 motion, tears
 atterrer, to dismay
 attester, to assert
 au-dessus de, above
 auparavant, before
 avaler, to swallow
un **avant-poste,** outpost
 l'**avenir** (*m.*), future
 avertir, to warn
un **aveu,** admission
 aveugle, blind
 avidement, greedily
un **avis,** opinion
 avouer, to confess

 baiser, to kiss
 balbutier, to stammer
la **banderole,** flag
la **barrière,** gate
le **bas,** bottom
 bâtir, to build
les **battants** (*m.*), double
 doors
 béant, gaping
la **belle-sœur,** sister-in-law
le **bijou,** jewel
le **billet,** note
le **bonheur,** happiness
à la **bonne heure,** that's right
la **bougie,** candle
 bouleverser, to upset
le **bourdonnement,** buzzing

le **bout**, end
le **bouton**, bud
la **bride**, bridle
briller, to shine
briser, to break
la **broche**, spit
brûler, to burn
bruyamment, noisily

le **cabinet de travail**, study
cacheter, to seal
le **cachot**, cell
cadencé, rhythmical
le **cahier**, note-book
le **cahot**, jolt
le **caillou**, pebble
le **calice**, cup
le **canon**, barrel
le **carré**, square
la **carrière**, quarry
le **carrosse**, carriage
causer, to talk
le **cavalier**, horseman
la **cave**, cellar
la **ceinture**, waist
cependant, however, meanwhile
la **cervelle**, brain
la **cesse**, cessation
la **chaleur**, heat
la **chasse**, hunting
le **châtiment**, punishment
la **cheminée**, fire-place
le **chêne**, oak-tree
le **chevet**, head of a bed
le **cheveu**, hair
le **christ**, crucifix
le **chroniqueur**, chronicler
chut ! hush !
ciseler, to chase
citer, to summon
clair, clear
le **cliquetis**, rattle
la **cloche**, bell
le **cocher**, driver
le **comble**, height
combler, to overwhelm
commodément, comfortably
compter, to count

conduire, to conduct, drive
le **congé**, leave
congédier, to dismiss
la **conjecture**, guesswork
le **conseil**, advice
conserver, to keep
la **consigne**, orders
la **contenance**, extent
le **contenu**, contents
conter, to relate
contraint, constrained
contrefaire, to counterfeit
contresigner, to countersign
convenir, to suit
le **convive**, guest
corriger, to correct
corrompre, to corrupt, bribe
le **cortège**, procession, retinue
la **couche**, bed, layer
le **coup**, blow
la **coupe**, cup
la **coupole**, dome
la **cour**, court
courber, to bow
le **courrier**, messenger
le **couvre-feu**, lights out
la **crainte**, fear
cramponné, riveted
la **créance**, belief
créer, to create
creuser, to excavate
crisper, to clench
le **cristal**, glass
croiser, to cross, fold
cueillir, to gather
le **cuir**, leather

daigner, to deign
la **dalle**, pavement
le **début**, beginning
décacheter, to unseal
déchirer, to tear
le **décor**, stage scenery
la **découverte**, discovery
la **décroissance**, diminution
décroître, to diminish
dédaigner, to disdain
le **dédain**, disdain

défait, agitated
le dégoût, disgust
le degré, step
delà, beyond
le délit, misdemeanour
la demande, request
la démarche, gait
la dentelle, lace
dépayser, to banish
dépenser, to spend
déployer, to unfold
dérobé, hidden, secret
désigner, to point out
désormais, from that moment
le dessein, purpose
le détenu, prisoner
détraqué, unhinged
détruire, to destroy
devancer, to go before
se développer, to unfold
deviner, to guess
le doigt, finger
la dorure, gilding
le dossier, back
la douleur, pain
se douter de, suspect
le drap, sheet
dresser, to prick up
le droit, right
durer, to last

l'éblouissement (m.), dazzle, dizziness
échapper, to escape
une échelle, ladder
un échelon, rung
un éclair, flash of lightning
éclaircir, to clear up
éclairer, to light
l'éclat (m.), brilliancy
éclater, to burst out
éclore, to open
écouter, to listen
s'écrouler, to fall to pieces
effarer, to scare
en effet, in fact
l'effroi (m.), fright
égal, equal, smooth ;
c'est égal, no matter

un élan, transport
s'élancer, to dart
élargir, to set free
élire, to elect
s'éloigner, to withdraw
un émail, enamel
embaumé, scented
émouvoir, to move
l'emportement (m.), passion
emporter, to carry away
empreindre, to imprint
l'empressement (m.), haste
une enceinte, enclosure
enclouer, to spike
s'endormir, to fall asleep
un endroit, place
enfanter, to produce
s'enfoncer, to sink
un engagement, pledge
engager, to recommend
enlever, to remove
enragé, mad
une enseigne, sign
un enseignement, information
un ensemble, whole
ensuite, then
entasser, to heap up
une entente, agreement
entourer, to surround
entraîner, to draw away
une entrave, fetter
un entre-bâillement, opening
entremêler, to mingle
entreprendre, to undertake
un entretien, interview
envahir, to invade
l'épaisseur (f.), thickness
épouvanter, terrify
une épreuve, test, ordeal
épuiser, to exhaust
un escadron, troop
une escouade, squadron
l'escrime (f.), fencing
espagnol, Spanish
une espèce, kind

un **essaim**, swarm
essuyer, to wipe
éteindre, to extinguish
étendre, to stretch out
une **étoile**, star
étouffer, to muffle, suffo-
cate
un **étrier**, stirrup
éveiller, to wake up
un **évêque**, bishop
exalter, to excite
par **exemple**, indeed
l'**expansion** (*f.*), effusion
extraordinaire, special

faillir tomber, almost to
fall
faire partie (de), belong
(to)
le **fait**, deed
si **fait**, yes
falloir, to be necessary
le **falot**, lantern
le **faubourg**, suburb
le **fauteuil**, armchair
féerique, fairy
feindre, to pretend
la **fente**, slit
la **ferme**, farm
le **festin**, banquet
fêter, to celebrate
le **feu d'artifice**, fireworks
la **feuille**, leaf, sheet
fier, proud
la **fièvre**, fever
fixement, steadily
le **flambeau**, torch
le **flot**, flood
à la **fois**, at once
le **fond**, bottom, back,
depths
fondre, to mould, rush
la **fougue**, vehemence
fouiller, to search
franchir, to cross
la **frange**, fringe
le **frisson**, shudder
froisser, to rumple
froncer, to contract
le **front**, forehead

frotter, to rub
la **fusée d'artifice**, rocket
le **fuyard**, fugitive

la **gâche**, staple, slot
gager, to wager
le **géant**, giant
gémir, to groan
le **gentilhomme**, man of
noble family
le **geste**, gesture
la **glace**, ice
glisser, to glide
le **gond**, hinge
la **gorge**, throat
la **gorgée**, draught
le **goût**, taste
Sa **Grandeur**, His Lordship
grandir, to grow up
gravir, to climb
la **grille**, gate
le **grincement**, creaking
gronder, to rumble
grossier, coarse
(ne)...**guère**, scarcely
le **guichetier**, gaoler,
warder

habile, clever
d'**habitude**, usually
la **haine**, hatred
haïr, to hate
haleter, to pant
le **hameçon**, hook
hardi, bold
le **hasard**, chance
la **hâte**, haste
hausser, to raise
un **héritier**, heir
heurter, to knock upon
hisser, to raise
l'**hiver** (*m.*), winter
un **homme de bien**, an
honest man
la **honte**, shame
hors de, out of
un **hôte**, guest
humide, wet

ignorer, not to know

impassible, composed
impénétrable, inscrutable
impuissant, powerless
inattendu, unexpected
s'incliner, to bow
inconvenant, out of place
indicible, indescribable
l'inquiétude (*f.*), anxiety
instruire, to instruct
un intendant, steward
interdire, to forbid
interdit, disconcerted
un interlocuteur, speaker
un Irlandais, Irishman
ivre, drunk

jaillir, to shoot out
jaloux, jealous
le jarret, hough
jouir, to enjoy
jurer, to swear
jusque-là, till then

largement, freely
le lecteur, reader
ledit, the aforesaid
léger, light, slight
la lenteur, slowness
le petit lever, first reception
la lèvre, lip
au lieu de, in place of
avoir lieu, take place
la lieue, league
se livrer (à), to indulge (in)
le logement, lodging, quarters
le logis, quarters
lointain, distant
lourd, heavy
la lueur, light
lugubre, dismal
lumineux, bright
la lutte, struggle

le mal, trouble
malgré, in spite of
le malheur, misfortune
le manège, horsemanship
le marchepied, step
la margelle, edge, brink

la matière, material
maudire, to curse
méconnaître, to mistake
mener, to lead
mentir, to lie
à merveille, wonderfully well
à mesure que, as
la métamorphose, transformation
le métier, business
le mets, viand
les meubles (*m.*), furniture
le miel, honey
le milieu, middle
le ministère, ministry
la mise, setting
la moelle, marrow
la moitié, half
mordre, to bite, seize upon
la mouche, fly
mouillé, wet
le moyen, means
muet, dumb, speechless
le muscat, muscadel

nager, to swim
la naissance, birth
nanti, possessed
la nourrice, nurse
nourrir, to feed
la nourriture, food
la nouvelle, news
n° (le numéro), number

une œuvre, work
l'ombrage (*m.*), offence
une ombre, shadow
un ongle, nail
un oreiller, pillow
l'orgueil (*m.*), pride
orner, to decorate
un os, bone
oser, to dare
ouïr, to hear
un ouvrier, workman

le panier, basket
parcourir, to traverse

pareil, such
parmi, among
le paroi, wall
le parquet, floor
le parti, party ; le parti pris, decision
une particularité, detail
particulier, special, private
à partir de. after
partout, everywhere
le pas, step, stride
le pâté, blot
le péché, sin
la peine, difficulty ; à peine, scarcely
se pencher, stoop
le pendant, fellow
pénible, painful
la pente, slope
le perron, flight of steps
la perspicacité, acuteness
peser, to weigh
à peu près, almost
phénoménal, astonishing
le piège, trap
pincer, to pinch
le plafond, ceiling
plaindre, to pity
le plancher, floor
le plat, dish
le plateau, dish
le pli, fold
plier, to fold
le poids, weight
le poignard, dagger
le poing, fist
la poitrine. chest
le pont-levis, drawbridge
le porte-clefs, warder, turn-key
la portée, reach
la potence, framework
la poudrière, powder-magazine
pourvoir, to provide
pousser, to utter
le précepteur, instructor
la précipitation, haste
le prélat, bishop

près de, near, with
pressé, urgent
la pression, pressure
prêt, ready
le prêtre, priest
la preuve, proof
prévenir, to inform, warn
priver, to deprive
la profondeur, depth
la proie, prey
le projet, plan
le propos, purpose
propre, own, very
puissant, powerful
le puits, well

quelconque, of some kind
la quête, quest, search
la quittance, receipt

la racine, root
raconter, to relate
ramener, to bring back
le rang, rank
rappeler, to recall
le rapport, report
se rapprocher, approach
rassurer, to reassure
rattraper, to retake
le rayonnement, radiance
la reconnaissance, gratitude
recueilli, reflective
reculer, to retreat
redevenir, to become
rédiger, to compose
refléter, to reflect
le regard, look
le règlement, rule
se rembrunir, to become brown, darken
remettre, to hand over
remuer, to move, stir
renoncer à, not to attempt
renouer, to collect
se renverser, to fall back
repartir, to reply
le repas, meal
la réponse, answer
reprendre, to reply
respirer, to breathe

retarder, to delay
retentir, to echo
retirer, to withdraw
réveiller, to awake
rêver, to dream
revêtir, to clothe
le rideau, curtain
la rigueur, severity
roidir (= raidir), to stretch
le rôle, part
le romancier, novelist
rompre, to break
rouler, to roll
le ruban, ribbon
le ruisseau, ditch
ruisselant, dripping

le saisissement, shock
le salut, preservation
la santé, health
sauf, except
la science, knowledge
le seau, bucket
sécher, to dry
secouer, to shake
le secours, help
la seigneurie, nobility
le seing, signature
semer, to sow
le sens, sense, direction
séquestrer, to confine
le serment, oath
la serrure, lock
se servir de, use
le seuil, threshold
le siècle, century
le siège, seat
la signification, meaning
sinistre, grim
sinueux, winding
la soie, silk
soigneusement, care-
    fully
le soin, care
le sommeil, sleep
le son, sound
le songe, dream
sonner, to ring for
la sonnette, bell
le sorcier, sorcerer

le sort, fate
de la sorte, in this way
de sorte que, so that
le soubresaut, jolt
soucieux, anxious
souffler, to blow out
souiller, to sully, stain
soulager, to comfort
soupçonner, to suspect
soupirer, to sigh
le sourcil, eyebrow
sourciller, to wince
sourd, dull, hollow
sourire, to smile
souscrire, to sign
soutenir, to sustain
le souterrain, under-
    ground passage
le souvenir, recollection
le statuaire, sculptor
suave, pleasant
suffire, to suffice
suffisant, sufficient
le suisse, Swiss guard
le sujet, subject
la sujétion, inconvenience
supplier, to beg
supprimer, to suppress,
    do away with
la sûreté, safety
sur-le-champ, immedi-
    ately
le sursaut, start
surveiller, to watch over
susciter, to arouse

tâcher, to try
la taille, figure
tailler, to cut
se taire, to be silent
le talon, heel
le tambour, drum
le tapis, carpet
le taureau, bull
la teinte, hue, tinge
téméraire, rash
le témoignage, evidence
témoigner, to show
tendre, to stretch
tendu, strained

la **tentative**, attempt
la **tenture**, hanging
tiède, warm
le **tiers**, third part
terne, dull
la **toile**, cloth
le **tonnerre**, thunder
tordre, to twist
tôt, soon
le **tour**, turn
le **tourbillon**, whirlwind, eddy
traîner, to draw, drag
le **trait**, feature
transmettre, to pass on
tressaillir, to tremble
tromper, to deceive

un **usage**, custom
un **ustensile**, tool

le **vacarme**, uproar
la **vague**, wave
vaincre, to conquer
la **vaisselle**, plate

valable, valid
la **valeur**, worth
valoir, to be worth
veiller, to watch
le **velours**, velvet
verdâtre, greenish
vermeil, red
le **verrou**, bolt
verser, to pay, pour forth
le **vestibule**, entrance-hall
vêtir, clothe
le **vide**, void
au **vif**, to the quick
le **visage**, face
la **visière**, mask
les **vivres** (*f.*), victuals
le **voisinage**, neighbourhood
voiturer, to drive
voler, to fly
le **volet**, shutter
voleter, to flutter
la **volupté**, pleasure
vouer, to vow

zélé, zealous

Books on Modern Languages

published by the

Cambridge University Press

FRENCH

THE CAMBRIDGE MODERN FRENCH SERIES

GENERAL EDITOR: A. WILSON-GREEN, M.A.

The aim of this series is to provide Modern French texts equipped with exercises on the lines of the direct method. The volumes are divided into three groups and comprise:

1. A short biography in French of the author.
2. A series of exercises, each containing passages for translation into French, and questions in French on (*a*) the narrative, (*b*) the words and idioms, (*c*) the grammar.
3. A French-English vocabulary.

Senior Group

Six Contes, par GUY DE MAUPASSANT. Edited by H. N. P. SLOMAN, M.A., Head Master of Sydney Grammar School. Large crown 8vo. 2*s*. 6*d*. [*Now ready*

The first volume of this new series contains the following six stories: **Le Horla—Le Trou—Les Prisonniers—Qui Sait?—Menuet—L'Aventure de Walter Schnaffs.** The stories selected show Maupassant in various lights; **Le Horla** and **Qui Sait?** illustrate his characteristic love of the gruesome and bizarre; **Le Trou** is pure comedy; **Les Prisonniers** and **L'Aventure de Walter Schnaffs** are vividly-described soldiering adventures; and **Menuet?**—'que dire de ce camée incomparable, si finement ciselé, ce récit d'un pathétique à faire pleurer et d'une si parfaite simplicité? On ne peut décrire le charme de ce conte exquis, il faut l'éprouver.'

Ce que disent des livres, par EMILE FAGUET. Edited by H. N. ADAIR, M.A., Senior French Master, Strand School, London. [*In the press*

Middle Group

Causeries du Lundi (Franklin et Chesterfield), par C. A. SAINTE-BEUVE. Edited by A. WILSON-GREEN, M.A., Senior French Master, Radley College. [*In the press*

Junior Group

La Maison aux Panonceaux, par Mrs J. G. FRAZER. (Exercises by A. WILSON-GREEN.) [*In the press*

𝔓itt 𝔓ress 𝔖eries

Texts with introductions and notes

The volumes marked * *contain vocabularies*

Author	Work	Editor	Price
*About	Le Roi des Montagnes	Ropes	2/-
Balzac	Le Médecin de Campagne	Payen Payne	3/-
*Biart	Quand j'étais petit, Pts I, II	Boïelle	2/- each
Boileau	L'Art Poétique	Nichol Smith	2/6
Bonnechose (de)	Lazare Hoche	Colbeck	2/-
,,	Bertrand du Guesclin	Leathes	2/-
* ,,	,, Part II	,,	1/6
Corneille	Polyeucte	Braunholtz	2/-
,,	Le Cid	Eve	2/-
,,	La Suite du Menteur	Masson	2/-
Delavigne	Louis XI	Eve	2/-
,,	Les Enfants d'Edouard	,,	2/-
*Dumas	La Fortune de D'Artagnan	Ropes	2/-
*Du Camp, Maxime	La Dette de Jeu	Payen Payne	2/-
*Enault	Le Chien du Capitaine	Verrall	2/-
,,	,,	,,	-/9
	(*With vocabulary only: no notes*)		
Erckmann-Chatrian	La Guerre	Clapin	3/-
* ,,	Le Blocus	Ropes	2/-
* ,,	Le Blocus, Chaps. I—XIII	,,	1/6
	Exercises on 'Le Blocus'	Hayter	-/10
* ,,	Waterloo	Ropes	2/-
	Exercises on 'Waterloo'	Wilson-Green	1/-
* ,,	Madame Thérèse	Ropes	3/-
,,	Histoire d'un Conscrit de 1813	,,	3/-
* ,,	L'Invasion	Wilson-Green	3/-
Gautier	Voyage en Italie (Selections)	Payen Payne	3/-
*Gorsse (de) & Jacquin	La Jeunesse de Cyrano de Bergerac	Jackson	3/-
Guizot	Discours sur l'Histoire de la Révolution d'Angleterre	Eve	2/6
Hugo	Les Burgraves	Eve	2/6
,,	Selected Poems	,,	2/-
Lamartine (de)	Jeanne d'Arc	Clapin & Ropes	1/6
Lemercier	Frédégonde et Brunehaut	Masson	2/-

Author	Work	Editor	Price
Maistre (de)	La Jeune Sibérienne, Le Lépreux de la Cité D'Aoste	Masson	1/6
*Malot	Remi et ses Amis	Verrall	2/-
* ,,	Remi en Angleterre	,,	2/-
Merimée	Colomba (*Abridged*)	Ropes	2/-
Michelet	Louis XI et Charles le Téméraire	,,	2/6
Molière	Le Bourgeois Gentilhomme	Clapin	1/6
,,	L'École des Femmes	Saintsbury	2/6
,,	Les Précieuses ridicules	Braunholtz	2/-
,,	,, (*Abridged edition*)	,,	1/-
,,	Le Misanthrope	,,	2/6
,,	L'Avare	,,	2/6
*Perrault	Fairy Tales	Rippmann	1/6
,,	,, ,, (*With vocabulary only: no notes*)	,,	-/9
Piron	La Métromanie	Masson	2/-
Ponsard	Charlotte Corday	Ropes	2/-
Racine	Les Plaideurs	Braunholtz	2/-
,,	,, (*Abridged edition*)	,,	1/-
,,	Athalie	Eve	2/-
Sainte-Beuve	M. Daru	Masson	2/-
*Saintine	Picciola	Ropes	2/-
Sandeau	Mdlle de la Seiglière	Ropes	2/-
Scribe & Legouvé	Bataille de Dames	Bull	2/-
Scribe	Le Verre d'Eau	Colbeck	2/-
Sedaine	Le Philosophe sans le savoir	Bull	2/-
Souvestre	Un Philosophe sous les Toits	Eve	2/-
,,	Le Serf & Le Chevrier de Lorraine	Ropes	2/-
* ,,	Le Serf	Ropes	1/6
,,	,, ,, (*With vocabulary only: no notes*)	,,	-/9
Staël (Mme de)	Le Directoire	Masson & Prothero	2/-
,,	Dix Années d'Exil (Book II, chapters 1—8)	,,	2/-
Thierry	Lettres sur l'histoire de France (XIII—XXIV)	,,	2/6
Vigny (de)	La Canne de Jonc	Eve	1/6
Voltaire	Histoire du Siècle de Louis XIV, in three parts	Masson & Prothero	2/6 *each*

Random Exercises in French Grammar, Homonyms and Synonyms for Advanced Students, by LUCIEN BOQUEL. New Edition.   Crown 8vo.   3s. 6d.

Key to the above, by the same.   Crown 8vo.   10s. 6d. net.

Exercises in French Composition for Advanced Students.   By the same.   Crown 8vo.   3s. 6d.

A selection of hard and easy pieces in prose and verse from various English authors for translation into French, no help being given in the shape of footnotes or otherwise.

Cahier Français de Notes Diverses.   A French Note-Book arranged by W. E. WEBER, M.A.   Third edition.   Fcap. 4to. 1s. 4d.

"A methodically arranged note-book, a *Cahier Français*, in which boys can write the notes and material of French grammar they themselves collect.   The idea is excellent, and must be most profitable if well carried out....The methodical use of this note-book should prove a very valuable stimulus to interest in French grammar."—*The A.M.A.*

Les Sons du Français.   A wall chart for class use. By DANIEL JONES, M.A.   44 by 36 inches.

The system employed in this chart is that of the International Phonetic Association.   The chart is published in three forms at the following prices, viz.:—printed on paper, 1s. 6d. net ; printed on card, 2s. net; mounted on canvas varnished, with rollers, 3s. net ; mounted on canvas, folded.   4s. net.

French Verse for Upper Forms.   Edited by FREDERIC SPENCER, M.A., Phil.Doc.   3s.

"Not only an excellent treatise on French prosody, but also a capital collection of French verse."—*Journal of Education*

"A *résumé* of the rules of French versification and a *recueil* of French poetry for study and recitation....Mr Spencer may be congratulated upon having made a really valuable contribution to the list of French school-books."—*Guardian*

The Romantic Movement in French Literature. Traced by a series of texts selected and edited by H. F. STEWART, B.D., and ARTHUR TILLEY, M.A.   Crown 8vo.   4s. net.

In the belief that French literature of to-day cannot be understood without a knowledge of the Romantic movement, the Editors have printed a series of texts—beginning with Madame de Staël—so as to give a more or less continuous history of the movement, with the addition of some notes by way of explanation and illustration, and short introductory narratives to each section of the book to serve as a brief outline sketch of the movement.

GERMAN

THE CAMBRIDGE MODERN GERMAN SERIES

GENERAL EDITOR : G. T. UNGOED, M.A.

This series is primarily intended for use on the direct method by pupils who have completed at least their first course in German. The texts are short and suitable for schools without being trivial in subject-matter. In addition to a short sketch of the career and works of the author, each volume contains questions on the narrative, grammatical exercises, and subjects and outlines for free composition. In the most elementary texts appear phonetic transcriptions of short passages for reading and dictation.

The exercises are based entirely on the corresponding sections of the text. They consist of :

1. Questions (*a*) on the narrative, (*b*) on the use of words and phrases.
2. Exercises on Accidence, Syntax and Word-formation.
3. A subject for free composition suggested by an incident in the text, the main outline being also given for beginners.

A German-English vocabulary of less known words is supplied with each volume for those who desire it.

Already published

Hackländer. Der Zuave. Adapted and edited by G. T. UNGOED, M.A. (Without vocabulary.) 2*s*.

"The text is from *Ein Schloss in den Ardennen*. The language is simple, the story is judiciously selected, it provides narrative and conversation in about equal amounts. The editing is excellent."
The A. M. A.

Stinde. Die Familie Buchholz. Edited by G. H. CLARKE, M.A. 2*s*. 6*d*.

The European fame of Julius Stinde makes any formal intro-duction of him to English readers unnecessary. His familiar style alone is attractive to students of modern German, who are assured by his popularity—proved by the issue of eighty-nine editions of the *Buchholz Family*, Part I—of an interesting narrative. In a letter to the author Bismarck speaks of the great admiration he felt for Wilhelmine Buchholz.

In the press

Der tolle Invalide auf dem Fort Ratonneau. Edited by A. E. WILSON, M.A.

6   *Cambridge University Press*

𝔓itt 𝔓re𝔰𝔰 𝔖erie𝔰

Texts with introductions and notes

The volumes marked * contain vocabularies

Author	Work	Editor	Price
*Andersen	Eight Stories	Rippmann	2/6
Benedix	Dr Wespe	Breul	3/-
Freytag	Der Staat Friedrichs des Grossen	Wagner	2/-
,,	Die Journalisten	Eve	2/6
Goethe	Knabenjahre (1749—1761)	Wagner & Cartmell	2/-
,,	Hermann und Dorothea	,, ,,	3/6
,,	Iphigenie auf Tauris	Breul	3/6
*Grimm	Twenty Stories	Rippmann	3/-
Gutzkow	Zopf und Schwert	Wolstenholme	3/6
Hackländer	Der geheime Agent	Milner Barry	3/-
Hauff	Das Bild des Kaisers	Breul	3/-
,,	Das Wirthshaus im Spessart	Schlottmann & Cartmell	3/-
* ,,	Die Karavane	Schlottmann	3/-
* ,,	Der Scheik von Alessandria und seine Sklaven	Rippmann	2/6
Immermann	Der Oberhof	Wagner	3/-
*Klee	Die deutschen Heldensagen	Wolstenholme	3/-
Kohlrausch	Das Jahr 1813	Cartmell	2/-
Lessing	Minna von Barnhelm	Wolstenholme	3/-
,,	Nathan Der Weise	Robertson	3/6
Lessing & Gellert	Selected Fables	Breul	3/-
Mendelssohn	Selected Letters	Sime	3/-
Raumer	Der erste Kreuzzug	Wagner	2/-
Riehl	Culturgeschichtliche Novellen	Wolstenholme	3/-
* ,,	Die Ganerben & Die Gerechtigkeit Gottes	,,	3/-
Schiller	Wilhelm Tell	Breul	2/6
,,	Geschichte des dreissigjährigen Kriegs. Book III.	,,	3/-
,,	Maria Stuart	,,	3/6
,,	Die Braut von Messina	,,	4/-
,,	Wallenstein I (Die Piccolomini and Wallensteins Lager)	,,	3/6
,,	Wallenstein II (Wallensteins Tod)	,,	3/6
Sybel	Prinz Eugen von Savoyen	Quiggin	2/6
Uhland	Ernst, Herzog von Schwaben	Wolstenholme	3/6
	German Dactylic Poetry	Wagner	3/-
	Ballads on German History	,,	2/-

A First German Book on the Direct Method. By
G. T. UNGOED, M.A. Crown 8vo. With or without vocabulary.
2*s.* 6*d.*

"Is admirably suited to arouse the interest of young pupils....
Altogether the book strikes us as one of the best German books for
beginners that we have seen, and we feel confidence in recom-
mending it."—*Secondary Education*

A Grammar of the German Language. By G. H.
CLARKE, M.A., and C. J. MURRAY, B.A. Second edition,
thoroughly revised. Large crown 8vo. 5*s.*

An up-to-date "reference" Grammar for the use of advanced
students. Modern usages to be found in works of the best writers
are given rather than the stereotyped rules of Grammarians.
Colloquial usage has also not been neglected.

"One of the most complete and best arranged books of its kind
on the market. The fact that a second edition is necessary may be
taken as substantial proof of the excellence of the work....Every
teacher and every student of German beyond the early stages should
possess a copy."—*Irish Journal of Education*

Deutsches Heft. A German Note-book arranged by
W. E. WEBER, M.A. Fcap. 4to. 1*s.* 6*d.*

A companion to the French Note-book (see page 4).

SPANISH

Los Ladrones de Asturias. Being the First Fifteen
Chapters of *La Historia de Gil Blas de Santillana*, as translated
into Spanish by JOSÉ FRANCISCO ISLA, from the original French
of Alain René Le Sage. Edited by F. A. KIRKPATRICK, M.A. 3*s.*

Cervantes. La Ilustre Fregona. El Licenciado
Vidriera. Two of the Novelas Ejemplares. Edited, with Intro-
duction and Notes, by F. A. KIRKPATRICK, M.A. 3*s.* 6*d.*

Galdos. Trafalgar. Edited, with Notes and Intro-
duction, by F. A. KIRKPATRICK, M.A. 4*s.*

The Teaching of Modern Foreign Languages and
the Training of Teachers. By KARL BREUL, Litt.D., Ph.D.
Fourth edition, revised and enlarged. Crown 8vo. 2*s.* 6*d.* net.

"A little book that should be in the hands of every conscientious
teacher of foreign languages in this country. Doctor Breul speaks
authoritatively on a subject which he has studied carefully, and
his book is full of practical information....Doctor Breul has wisely
limited himself to the practical here, with the result that into this
slim and handy volume he has packed an astonishing amount of
information."—*Bookman*

Copies of the following will be sent regularly to any address on application :—

1. **The Complete Catalogue, issued annually (about May).**

2. **The Educational Catalogue, issued annually (about May).**

3. **A Descriptive List of books for schools selected from the Complete Catalogue, issued annually.**

4. **The Illustrated Bulletin, issued terminally, giving full particulars of new publications.**

Cambridge University Press

C. F. CLAY, Manager

London : Fetter Lane, E.C.

Edinburgh : 100, Princes Street

For EU product safety concerns, contact us at Calle de José Abascal, 56–1°,
28003 Madrid, Spain or eugpsr@cambridge.org.

www.ingramcontent.com/pod-product-compliance
Ingram Content Group UK Ltd.
Pitfield, Milton Keynes, MK11 3LW, UK
UKHW012333130625
459647UK00009B/264